✦ 원리 학습을 기반으로 한
중학 과학의 새로운 패러다임

✦ 학교 시험 족보 분석으로
내신 시험도 완벽 대비

EBS No.1 과목 특화 브랜드

KB215625

원리 학습으로 완성하는 과학

비욘드

(개념) (탐구) (적용) (실전) **체계적인 실험 분석 + 모든 유형 적용**

✦ **시리즈 구성** ✦

중학 과학 1-1	중학 과학 1-2
중학 과학 2-1	중학 과학 2-2
중학 과학 3-1	중학 과학 3-2

수학 마스터

중학 수학의 첫 개념 학습

개념 α 알파

Contents / 이 책의 차례

01 제곱근의 뜻

제곱근

(1) 어떤 수 x를 제곱하여 a가 될 때, 즉 $x^2=a$일 때 x를 a의 ❶ ☐ 이라 한다.

(2) 양수의 제곱근은 양수와 음수의 ❷ ☐ 개이며, 그 절댓값은 서로 같다.

(3) 음수의 제곱근은 없다.

(4) 0의 제곱근은 ❸ ☐ 이다.

다음 수의 제곱근을 구하시오.

1 25

2 169

3 $(-8)^2$

4 1.44

5 0.36

6 $\dfrac{1}{4}$

7 $\dfrac{4}{25}$

8 $\left(-\dfrac{7}{11}\right)^2$

다음 수의 제곱근의 개수를 구하시오.

9 21

10 0.25

11 0

12 -0.04

13 $\left(-\dfrac{1}{7}\right)^2$

14 -16

15 $\dfrac{1}{8}$

16 $(-0.2)^2$

17 4

18 $\left(-\dfrac{5}{12}\right)^2$

제곱근의 표현

(1) 제곱근은 기호 $\sqrt{\ }$ 를 사용하여 나타내는데 이것을 근호라 한다. 이때 $\sqrt{a}$를 '❹ [ ] a' 또는 '루트 a'라 읽는다.

(2) 양수 a의 제곱근 중에서
$\begin{cases} \text{양수인 것: 양의 제곱근} \Rightarrow \sqrt{a} \\ \text{음수인 것: 음의 제곱근} \Rightarrow -\sqrt{a} \end{cases}$

(3) 양수 a의 제곱근과 제곱근 a

	a의 제곱근	제곱근 a
뜻	제곱하여 a가 되는 수	a의 양의 제곱근
표현	$\sqrt{a},\ -\sqrt{a}$	$\sqrt{a}$

다음 수의 제곱근을 근호를 사용하여 나타내시오.

19 7

20 19

21 0.53

22 $\dfrac{8}{13}$

다음을 근호를 사용하여 나타내시오.

23 35의 양의 제곱근

24 29의 음의 제곱근

25 0.17의 음의 제곱근

26 $\dfrac{3}{4}$의 양의 제곱근

다음 수를 근호를 사용하지 않고 나타내시오.

27 $\sqrt{9}$

28 $\pm\sqrt{2.25}$

29 $-\sqrt{256}$

30 $\sqrt{\dfrac{25}{144}}$

다음을 근호를 사용하여 나타내시오.

31 17의 제곱근

32 $\dfrac{10}{23}$의 제곱근

33 $\left(-\dfrac{4}{7}\right)^2$의 제곱근

34 제곱근 9.6

35 제곱근 $\left(-\dfrac{1}{2}\right)^2$

36 제곱근 $\sqrt{121}$

  소단원
핵심문제

1 개념 ① 제곱근

다음 중에서 제곱하여 16이 되는 수는?

① -4 ② ± 4 ③ ± 8
④ 4 ⑤ ± 16

● $x^2 = a \ (a \geq 0)$일 때, x를 a의 제곱근이라 한다.

2 개념 ② 제곱근의 표현

다음 [보기]에서 그 값이 나머지 셋과 다른 하나를 고르시오.

[보기]
ㄱ. 제곱근 49 ㄴ. 제곱하여 49가 되는 수
ㄷ. ± 7 ㄹ. $x^2 = 49$를 만족시키는 x의 값

● $a > 0$일 때
① a의 제곱근 ➡ $\pm \sqrt{a}$
② 제곱근 a ➡ $\sqrt{a}$

3 개념 ② 제곱근의 표현

다음 중에서 바르게 말한 학생은?

① 수연: 0의 제곱근은 없어.
② 영준: 모든 수의 제곱근은 양수, 음수의 2개야.
③ 지수: -20의 제곱근은 $-\sqrt{20}$이야.
④ 효영: 양수 a의 제곱근과 제곱근 a는 서로 같아.
⑤ 민호: 양수 a의 두 제곱근의 합은 0이야.

4 개념 ② 제곱근의 표현

오른쪽 직각삼각형에서 x의 값을 구하시오.

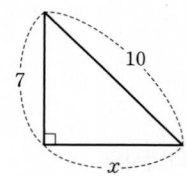

● 직각삼각형 ABC 에서
$\overline{AC}^2 + \overline{BC}^2 = \overline{AB}^2$

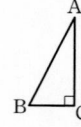

기출 5 개념 ② 제곱근의 표현

$\sqrt{16}$의 음의 제곱근을 a, $(-6)^2$의 양의 제곱근을 b라 할 때, ab의 값은?

① -64 ② -48 ③ -36
④ -24 ⑤ -12

● 거듭제곱의 제곱근을 구할 때는 거듭제곱을 계산한 후 구한다.

6 개념 ① 제곱근

다음 수의 제곱근을 구하시오.

(1) 100

(2) $\dfrac{1}{144}$

(3) $\dfrac{4}{49}$

(4) 1.69

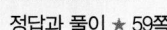 $a\,(a\geq0)$의 제곱근
➡ 제곱하여 a가 되는 수
➡ $x^2=a$를 만족시키는 x의 값

7 개념 ① 제곱근

다음 수 중에서 제곱근을 구할 수 <u>없는</u> 수는 모두 몇 개인지 구하시오.

$$-10, \qquad 0.3, \qquad \left(-\dfrac{1}{2}\right)^2, \qquad 0, \qquad 27, \qquad (-1)^3$$

제곱하여 음수가 되는 수는 없다.
즉, 음수의 제곱근은 없다.

8 개념 ② 제곱근의 표현

다음 중에서 근호를 사용하지 않고 나타낼 수 있는 것을 모두 고르면? (정답 2개)

① $\sqrt{20}$

② $\sqrt{0.81}$

③ $\sqrt{3.6}$

④ $\sqrt{289}$

⑤ $\sqrt{\dfrac{8}{9}}$

근호 안의 수가 어떤 유리수의 제곱이면 근호를 사용하지 않고 나타낼 수 있다.

9 개념 ② 제곱근의 표현

다음 중에서 옳지 <u>않은</u> 것을 모두 고르면? (정답 2개)

① 25의 양의 제곱근 ➡ 5

② 17의 음의 제곱근 ➡ $-\sqrt{17}$

③ $\sqrt{0.64}$의 음의 제곱근 ➡ $-\sqrt{0.08}$

④ 제곱근 $(-2)^2$ ➡ 2

⑤ 제곱근 $\dfrac{5}{11}$ ➡ $\pm\sqrt{\dfrac{5}{11}}$

$a>0$일 때
제곱근 a ➡ a의 양의 제곱근

기출 10 개념 ② 제곱근의 표현

제곱근 225의 음의 제곱근을 구하시오.

먼저 제곱근 225를 구한다.

02 제곱근의 성질

제곱근의 성질

$a>0$일 때
(1) $(\sqrt{a})^2=a$, $(-\sqrt{a})^2=a$
(2) $\sqrt{a^2}=a$, $\sqrt{(-a)^2}=a$

$\sqrt{A^2}$의 성질

모든 수 A에 대하여 $\sqrt{A^2}$은 항상 음이 아닌 값을 가진다.

$$\Rightarrow \sqrt{A^2}=|A|=\begin{cases} A\geq0일\ 때, & \boxed{❶} \\ A<0일\ 때, & \boxed{❷} \end{cases}$$

▶ 다음 값을 구하시오.

1 $(\sqrt{17})^2$

2 $(-\sqrt{2.3})^2$

3 $\sqrt{14^2}$

4 $\sqrt{\left(-\dfrac{7}{12}\right)^2}$

▶ 다음을 계산하시오.

5 $(\sqrt{5})^2+\sqrt{(-4)^2}$

6 $\sqrt{11^2}-(-\sqrt{8})^2$

7 $-\sqrt{(-0.6)^2}\times\sqrt{\left(-\dfrac{2}{3}\right)^2}$

8 $\sqrt{144}\div\sqrt{\left(\dfrac{6}{7}\right)^2}-(-\sqrt{18})^2$

▶ 다음 식을 간단히 하시오.

9 $x>0$일 때, $\sqrt{(2x)^2}$

10 $x<0$일 때, $\sqrt{(-7x)^2}$

11 $x>0$일 때, $-\sqrt{9x^2}$

12 $x<2$일 때, $\sqrt{(2-x)^2}$

13 $x<-5$일 때, $\sqrt{(x+5)^2}$

14 $x<0$, $y>0$일 때, $\sqrt{4x^2}+\sqrt{25y^2}$

15 $0<x<1$일 때, $\sqrt{x^2}-\sqrt{(x-1)^2}$

16 $-6<x<3$일 때, $\sqrt{(3-x)^2}-\sqrt{(x+6)^2}$

제곱근과 제곱수

(1) 제곱수: $1(=1^2)$, $4(=2^2)$, $9(=3^2)$, $16(=4^2)$, $\cdots$과 같이 자연수의 제곱인 수

(2) 근호 안의 수가 ❸ [ ] 이면 근호를 사용하지 않고 자연수로 나타낼 수 있다.

▶ 다음 수가 자연수가 되도록 하는 가장 작은 자연수 x의 값을 구하시오.

17 $\sqrt{2^3 \times 5 \times x}$

18 $\sqrt{30x}$

19 $\sqrt{108x}$

20 $\sqrt{\dfrac{2 \times 3 \times 7^2}{x}}$

21 $\sqrt{\dfrac{32}{x}}$

22 $\sqrt{5+x}$

23 $\sqrt{22-x}$

24 $\sqrt{40-x}$

제곱근의 대소 관계

$a>0$, $b>0$일 때

(1) $a<b$이면 $\sqrt{a}$ ❹ [ ] $\sqrt{b}$

(2) $\sqrt{a}<\sqrt{b}$이면 a ❺ [ ] b

(3) $\sqrt{a}<\sqrt{b}$이면 $-\sqrt{a}$ ❻ [ ] $-\sqrt{b}$

▶ 다음 □ 안에 부등호 >, < 중 알맞은 것을 써넣으시오.

25 $\sqrt{10}$ □ $\sqrt{13}$

26 $\sqrt{0.6}$ □ $\sqrt{0.45}$

27 -3 □ $-\sqrt{18}$

28 $\sqrt{\dfrac{6}{7}}$ □ $\sqrt{\dfrac{5}{9}}$

29 $\dfrac{2}{5}$ □ $\sqrt{\dfrac{3}{5}}$

▶ 다음 부등식을 만족시키는 자연수 x의 값을 모두 구하시오.

30 $\sqrt{x}<3$

31 $\sqrt{x}<4$

32 $1<\sqrt{x}<2$

소단원 핵심문제

1 개념 **3** 제곱근의 성질

다음 보기 에서 그 값이 나머지 셋과 다른 하나를 고르시오.

> 보기
> ㄱ. $(\sqrt{7})^2$ ㄴ. $\sqrt{(-7)^2}$ ㄷ. $(-\sqrt{7})^2$ ㄹ. $-\sqrt{(-7)^2}$

> $a>0$일 때
> ① $(\sqrt{a})^2=a$, $(-\sqrt{a})^2=a$
> ② $\sqrt{a^2}=a$, $\sqrt{(-a)^2}=a$

2 개념 **3** 제곱근의 성질

$\sqrt{(-8)^2}\times\left(-\sqrt{\dfrac{1}{2}}\right)^2-\sqrt{100}\div\sqrt{\left(-\dfrac{5}{4}\right)^2}$ 을 계산하면?

① -6 ② -4 ③ 4

④ 6 ⑤ 8

3 개념 **4** $\sqrt{A^2}$의 성질

$5<x<7$일 때, 다음을 간단히 하시오.

$$\sqrt{(x-5)^2}+\sqrt{(x-7)^2}$$

> $\sqrt{(A-B)^2}$
> $=\begin{cases} A-B \geq 0일 때, & A-B \\ A-B<0일 때, & -(A-B) \end{cases}$

4 개념 **5** 제곱근과 제곱수

$\sqrt{14-x}$가 자연수가 되도록 하는 모든 자연수 x의 값의 합을 구하시오.

> $\sqrt{A-x}$가 자연수가 되려면 $A-x$는 A보다 작은 (자연수)² 꼴이어야 한다.

5 개념 **6** 제곱근의 대소 관계

다음 두 수의 대소를 비교하시오.

(1) $\sqrt{5}$, $\sqrt{9}$ (2) $-\sqrt{5.9}$, $-\sqrt{3.7}$ (3) $\sqrt{\dfrac{7}{12}}$, $\sqrt{\dfrac{3}{8}}$

기출 6 개념 **6** 제곱근의 대소 관계

$3<\sqrt{n-10}<6$을 만족시키는 자연수 n의 값은 모두 몇 개인가?

① 25개 ② 26개 ③ 27개

④ 28개 ⑤ 29개

> $a>0$, $b>0$, $x>0$일 때,
> $a<\sqrt{x}<b \Rightarrow a^2<x<b^2$

개념 ③ 제곱근의 성질

7 $(\sqrt{81})^2$의 양의 제곱근을 a, $\sqrt{(-121)^2}$의 음의 제곱근을 b라 할 때, $b-a$의 값을 구하시오.

● 제곱근의 성질을 이용하여 주어진 수의 값을 구한 후 각 수의 제곱근을 구하여 계산한다.

개념 ③ 제곱근의 성질

8 다음 중에서 계산 결과가 옳지 <u>않은</u> 것은?

① $(\sqrt{3})^2+(-\sqrt{3})^2=6$

② $(\sqrt{5})^2-\sqrt{(-11)^2}=-6$

③ $\left(-\sqrt{\dfrac{2}{9}}\right)^2-\sqrt{\left(-\dfrac{1}{6}\right)^2}=\dfrac{1}{18}$

④ $-\sqrt{\dfrac{4}{49}}\div(-\sqrt{2})^2=-\dfrac{4}{7}$

⑤ $\sqrt{25}\times\sqrt{8^2}\div\sqrt{16}=10$

개념 ④ $\sqrt{A^2}$의 성질

9 $x>0$일 때, $\sqrt{\dfrac{x^2}{9}}$을 간단히 하시오.

● $\sqrt{A^2}=|A|=\begin{cases} A\geq 0일\ 때, & A \\ A<0일\ 때, & -A \end{cases}$

개념 ⑤ 제곱근과 제곱수

기출 10 $\sqrt{112x}$가 자연수가 되도록 하는 가장 작은 자연수 x의 값은?

① 2   ② 4   ③ 7

④ 8   ⑤ 14

● $\sqrt{Ax}$가 자연수가 되려면 Ax는 (자연수)^2 꼴이어야 한다.

개념 ⑥ 제곱근의 대소 관계

11 다음 수 중에서 두 번째로 작은 수는?

① $\sqrt{6}$ ② 2   ③ $\sqrt{2.5}$

④ $\dfrac{3}{2}$ ⑤ $\sqrt{\dfrac{2}{5}}$

● 수의 대소를 비교할 때는 형태를 같게 한 후 비교한다.

03 무리수와 실수

(1) ❶ _____ : 분수 $\dfrac{a}{b}$ (a, b는 정수, $b \neq 0$) 꼴로 나타낼 수 있는 수

(2) ❷ _____ : 유리수가 아닌 수, 즉 순환소수가 아닌 무한소수로 나타낼 수 있는 수

(3) 소수의 분류

$$소수 \begin{cases} 유한소수 \\ 무한소수 \begin{cases} ❸ \;\underline{} \\ 순환소수가\ 아닌\ 무한소수 \Rightarrow 무리수 \end{cases} \end{cases}$$

유한소수 ⎫
❸ _____ ⎬ ➡ 유리수

○ 다음 수가 유리수인지 무리수인지 옳은 것에 ○표 하시오.

1 0.7 (유리수, 무리수)

2 π (유리수, 무리수)

3 $-\sqrt{3}$ (유리수, 무리수)

4 $\sqrt{\dfrac{1}{16}}$ (유리수, 무리수)

5 $3.\dot{1}$ (유리수, 무리수)

6 $\dfrac{1}{5}$ (유리수, 무리수)

7 $\sqrt{2.89}$ (유리수, 무리수)

○ 다음 중 옳은 것은 ○표, 옳지 않은 것은 ×표를 (   ) 안에 써넣으시오.

8 유한소수가 아닌 소수는 모두 무리수이다. (   )

9 0은 유리수도 아니고 무리수도 아니다. (   )

10 순환하지 않는 무한소수는 무리수이다. (   )

11 무리수는 모두 무한소수이다. (   )

12 유한소수와 순환소수는 모두 유리수이다. (   )

13 $\sqrt{0.09}$는 유리수이다. (   )

14 $\sqrt{9}$의 양의 제곱근은 무리수이다. (   )

15 유리수는 모두 유한소수로 나타낼 수 있다. (   )

16 무리수는 $\dfrac{a}{b}$ (a, b는 정수, $b \neq 0$) 꼴로 나타낼 수 없다. (   )

실수

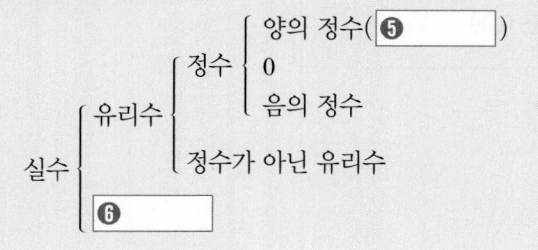

(1) 유리수와 무리수를 통틀어 **④**[   ]라 한다.

(2) 실수의 분류

$$
\text{실수}
\begin{cases}
\text{유리수}
\begin{cases}
\text{정수}
\begin{cases}
\text{양의 정수(⑤}\boxed{}\text{)} \\
0 \\
\text{음의 정수}
\end{cases} \\
\text{정수가 아닌 유리수}
\end{cases} \\
\text{⑥}\boxed{}
\end{cases}
$$

아래 수 중에서 다음에 해당하는 것을 모두 고르시오.

$$\sqrt{81}, \quad -\pi, \quad 4.0\dot{5}, \quad -\sqrt{11}, \quad \sqrt{\dfrac{1}{8}}$$

17 정수

18 유리수

19 무리수

20 실수

아래 수 중에서 다음에 해당하는 것을 모두 고르시오.

$$-\sqrt{10}, \quad 1+\sqrt{3}, \quad 2.27, \quad -\sqrt{\dfrac{7}{2}}, \quad \sqrt{\dfrac{1}{16}}$$

21 유리수

22 무리수

23 실수

다음 중 옳은 것은 ○표, 옳지 않은 것은 ×표를 (   ) 안에 써넣으시오.

24 $1.0\dot{2}$는 무리수이다.   (   )

25 유리수와 무리수를 통틀어 실수라 한다.   (   )

26 유리수가 아닌 실수 중에는 무리수가 아닌 수가 있다.
(   )

27 실수를 소수로 나타내면 순환소수와 유한소수이다.
(   )

28 유리수와 무리수의 합은 항상 무리수이다.   (   )

29 $1-\sqrt{0.25}$는 무리수이다.   (   )

30 근호를 사용하여 나타낸 수는 모두 무리수이다.
(   )

31 무한소수는 모두 무리수이다.   (   )

32 실수는 유리수, 0, 무리수로 되어 있다.   (   )

1 개념 **7** 무리수

다음 보기 의 수 중에서 무리수가 <u>아닌</u> 것을 모두 고른 것은?

보기
ㄱ. π ㄴ. $0.31\dot{3}$ ㄷ. $\sqrt{36}$의 음의 제곱근
ㄹ. $-\sqrt{5.5}$ ㅁ. $-\sqrt{\dfrac{49}{144}}$ ㅂ. 제곱근 0.09

① ㄱ, ㄷ, ㄹ   ② ㄱ, ㅁ, ㅂ   ③ ㄴ, ㄷ, ㄹ
④ ㄴ, ㅁ, ㅂ   ⑤ ㄹ, ㅁ, ㅂ

> 무리수
> ➡ 순환소수가 아닌 무한소수
> ➡ 근호를 없앨 수 없는 수

2 개념 **7** 무리수

다음 중에서 소수로 나타내었을 때, 순환소수가 아닌 무한소수가 되는 것을 모두 고르면? (정답 2개)

① $-\dfrac{2}{3}$ ② $\sqrt{0.25}$ ③ $\sqrt{\dfrac{16}{169}}$
④ $\sqrt{12}-1$ ⑤ $-\pi$

> 순환소수가 아닌 무한소수는 무리수이다.

3 개념 **7** 무리수

다음 보기 에서 옳지 <u>않은</u> 것을 모두 고른 것은?

보기
ㄱ. $\sqrt{2.25}$는 유리수이다.   ㄴ. 제곱근 15는 무리수이다.
ㄷ. 순환소수는 모두 무리수이다.   ㄹ. 유리수이면서 동시에 무리수인 수가 있다.

① ㄱ, ㄴ   ② ㄱ, ㄹ   ③ ㄴ, ㄷ
④ ㄴ, ㄹ   ⑤ ㄷ, ㄹ

기출 4 개념 **8** 실수

아래 수 중에서 다음에 해당하는 것의 개수를 구하시오.

$$-0.7\dot{8}, \quad \sqrt{\dfrac{1}{2}}, \quad \sqrt{0.0\dot{6}}, \quad -\sqrt{625}, \quad \dfrac{9}{13}, \quad -8$$

(1) 정수가 아닌 유리수   (2) 유리수
(3) 무리수   (4) 실수

> 근호 안의 수가 어떤 유리수의 제곱이면 그 수는 유리수이다.

5 개념 **7** 무리수

다음 수 중에서 무리수는 모두 몇 개인가?

$$\sqrt{0.5}, \qquad -\sqrt{0.\dot{1}}, \qquad \sqrt{\frac{2}{7}}, \qquad -\sqrt{19}, \qquad \sqrt{1.44}, \qquad 5-\pi$$

① 1개   ② 2개   ③ 3개
④ 4개   ⑤ 5개

무리수
➡ 순환소수가 아닌 무한소수
➡ 근호를 없앨 수 없는 수

6 개념 **7** 무리수

다음 중에서 $\sqrt{33}$에 대한 설명으로 옳지 <u>않은</u> 것을 모두 고르면? (정답 2개)

① 유리수이다.   ② 무리수이다.

③ 33의 양의 제곱근이다.   ④ $\dfrac{(정수)}{(0이\ 아닌\ 정수)}$ 꼴로 나타낼 수 없다.

⑤ 소수로 나타내면 순환소수가 된다.

7 개념 **8** 실수

다음 중에서 아래 ☐ 안의 수에 해당하는 것을 모두 고르면? (정답 2개)

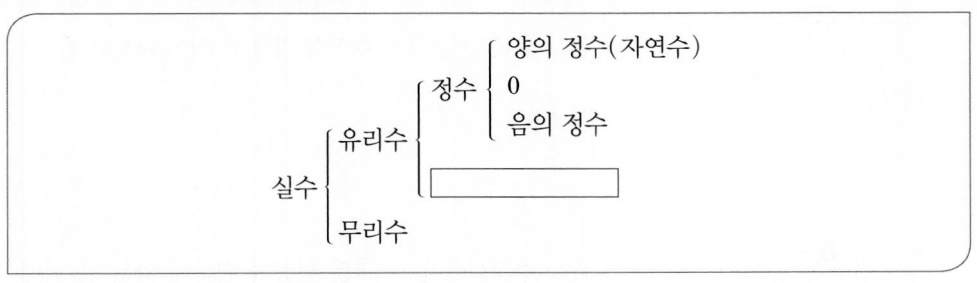

① $\sqrt{0.0\dot{4}}$ ② $-\sqrt{1.96}$ ③ $\sqrt{\dfrac{81}{49}}$
④ $\sqrt{61}$ ⑤ $-1-\sqrt{2}$

근호를 사용하여 나타낸 수라도 근호를 없앨 수 있으면 유리수이다.

기출 8 개념 **8** 실수

다음 중에서 옳지 <u>않은</u> 것은?

① 정수는 모두 실수이다.

② $\sqrt{\dfrac{1}{9}}$은 정수가 아닌 유리수이다.

③ 유리수를 소수로 나타내면 모두 유한소수이다.

④ 유리수가 아닌 실수를 소수로 나타내면 순환하지 않는 무한소수이다.

⑤ 실수 중에서 무리수가 아닌 수는 $\dfrac{(정수)}{(0이\ 아닌\ 정수)}$ 꼴로 나타낼 수 있다.

04 실수의 대소 관계

무리수 $\sqrt{2}$와 $-\sqrt{2}$를 수직선 위에 나타내기

① 원점을 중심으로 하고 직각을 낀 두 변의 길이가 각각 1인 직각삼각형의 빗변의 길이($\sqrt{2}$)를 반지름의 길이로 하는 원을 그린다.

② 원과 수직선이 만나는 두 점 P, Q에 대응하는 수는 각각 $\sqrt{2}$, $-\sqrt{2}$이다.

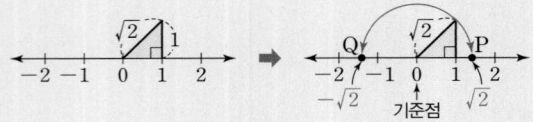

실수와 수직선

(1) 모든 실수는 각각 수직선 위의 한 점에 대응하고, 수직선 위의 한 점에는 한 실수가 대응한다.

(2) 수직선은 유리수와 무리수, 즉 ❶ [ ]에 대응하는 점들로 완전히 메울 수 있다.

(3) 수직선 위에서 원점의 오른쪽에 있는 점에는 양의 실수(❷ [ ])가 대응하고, 왼쪽에 있는 점에는 음의 실수(❸ [ ])가 대응한다.

(4) 서로 다른 두 실수 사이에는 무수히 많은 실수가 있다.

◗ 다음 그림은 한 눈금의 길이가 1인 모눈종이 위에 수직선을 그린 것이다. $\overline{AB}=\overline{AP}$, $\overline{AC}=\overline{AQ}$일 때, 수직선 위의 두 점 P, Q에 대응하는 수를 각각 구하시오.

1

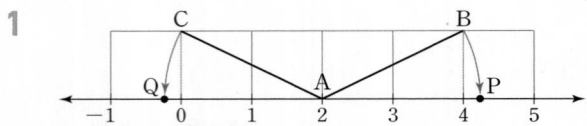

• 점 P에 대응하는 수: _____

• 점 Q에 대응하는 수: _____

2

• 점 P에 대응하는 수: _____

• 점 Q에 대응하는 수: _____

3

• 점 P에 대응하는 수: _____

• 점 Q에 대응하는 수: _____

◗ 다음 중 옳은 것은 ○표, 옳지 않은 것은 ×표를 ( ) 안에 써넣으시오.

4 수직선은 무리수에 대응하는 점들로 완전히 메울 수 있다.
( )

5 모든 수는 각각 수직선 위의 한 점에 대응한다.
( )

6 수직선에서 $-\sqrt{6}$은 원점의 왼쪽에 있는 한 점에 대응한다.
( )

7 $\sqrt{2}$와 $\sqrt{3}$ 사이에는 유리수가 없다. ( )

8 서로 다른 두 무리수 사이에는 무수히 많은 무리수가 있다.
( )

9 수직선 위에서 양의 실수는 원점의 오른쪽에 있는 한 점에 대응한다.
( )

실수의 대소 관계

두 실수 a, b의 대소는 다음의 세 방법 중 하나를 이용하여 비교한다.

방법 1 $a-b$의 부호를 알아본다.

①　$a-b>0$이면 a ❹☐ b

②　$a-b=0$이면 a ❺☐ b

③　$a-b<0$이면 a ❻☐ b

방법 2 부등식의 성질을 이용하여 두 실수에 같은 수를 더하거나 빼어 간단히 한 후 비교한다.

방법 3 제곱근의 대략적인 값을 구하여 비교한다.

▶ 다음 ☐ 안에 부등호 $>$, $<$ 중 알맞은 것을 써넣으시오.

10　2 ☐ $4-\sqrt{3}$

11　1 ☐ $\sqrt{8}-2$

12　$5-\sqrt{7}$ ☐ 3

13　$\sqrt{20}-3$ ☐ 5

14　$2+\sqrt{7}$ ☐ $\sqrt{7}+\sqrt{8}$

15　$5-\sqrt{2}$ ☐ $\sqrt{22}-\sqrt{2}$

16　$\sqrt{15}-\sqrt{8}$ ☐ $3-\sqrt{8}$

17　$10+\sqrt{6}$ ☐ $\sqrt{80}+\sqrt{6}$

무리수의 정수 부분과 소수 부분

(1) 무리수는 정수 부분과 소수 부분으로 나눌 수 있다.

(2) 소수 부분은 무리수에서 정수 부분을 뺀 것이다.

➡ $\sqrt{a}$가 무리수이고 n이 정수일 때,

$n<\sqrt{a}<n+1$이면

$\sqrt{a}$의 정수 부분: ❼☐

$\sqrt{a}$의 소수 부분: ❽☐

▶ 다음 무리수의 정수 부분과 소수 부분을 각각 구하시오.

18　$\sqrt{6}$

19　$\sqrt{11}$

20　$\sqrt{29}$

21　$\sqrt{55}$

22　$\sqrt{74}$

23　$3+\sqrt{3}$

24　$4+\sqrt{7}$

25　$6-\sqrt{2}$

26　$5-\sqrt{12}$

1 개념 **9** 무리수를 수직선 위에 나타내기

오른쪽 그림은 한 눈금의 길이가 1인 모눈종이 위에 직각삼각형 ABC와 수직선을 그린 것이다. 점 A를 중심으로 하고 $\overline{AC}$를 반지름으로 하는 원을 그려 수직선과 만나는 점을 각각 P, Q라 할 때, 두 점 P, Q에 대응하는 수를 각각 구하시오.

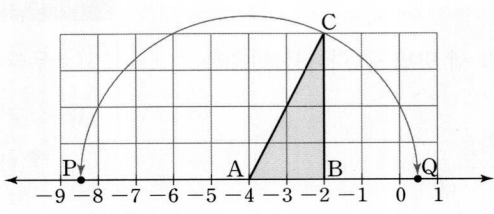

피타고라스 정리를 이용하여 $\overline{AC}$의 길이를 구한 후 두 점 P, Q에 대응하는 수를 구한다.

2 개념 **10** 실수와 수직선

다음 보기 에서 옳은 것을 모두 고르시오.

보기
ㄱ. 수직선에서 양수는 원점의 오른쪽에 있는 점에 각각 대응한다.
ㄴ. 수직선은 정수와 무리수에 대응하는 점들로 완전히 메울 수 있다.
ㄷ. $1-\sqrt{3}$은 수직선 위의 두 점에 대응한다.
ㄹ. $\dfrac{2}{3}$와 $\sqrt{2}$ 사이에는 무수히 많은 무리수가 있다.

3 개념 **11** 실수의 대소 관계

다음 보기 에서 두 실수의 대소 관계가 옳지 <u>않은</u> 것을 모두 고르시오.

보기
ㄱ. $\sqrt{5}+1<4$
ㄴ. $\sqrt{22}-5<-1$
ㄷ. $5-\sqrt{3}>2$
ㄹ. $\sqrt{6}+\sqrt{13}>\sqrt{6}+\sqrt{15}$

두 실수의 대소는 다음 세 방법 중 하나를 이용하여 비교한다.
방법1 두 수의 차 이용
방법2 부등식의 성질 이용
방법3 제곱근의 값 이용

기출 **4** 개념 **11** 실수의 대소 관계

다음 수의 대소 관계를 부등호를 사용하여 바르게 나타낸 것은?

$$a=3, \qquad b=-2+\sqrt{20}, \qquad c=\sqrt{20}-\sqrt{13}$$

① $a<b<c$ ② $a<c<b$ ③ $b<a<c$
④ $c<b<a$ ⑤ $c<a<b$

세 실수 a, b, c에 대하여
$a<b$이고 $b<c$ ➡ $a<b<c$

5 개념 **12** 무리수의 정수 부분과 소수 부분

$\sqrt{39}$의 소수 부분을 a, $1+\sqrt{26}$의 정수 부분을 b라 할 때, $a+b$의 값을 구하시오.

$\sqrt{a}$가 무리수일 때
$\sqrt{a}=$(정수 부분)$+$(소수 부분)
➡ (소수 부분)$=\sqrt{a}-$(정수 부분)

6 개념 **9** 무리수를 수직선 위에 나타내기

오른쪽 그림은 한 눈금의 길이가 1인 모눈종이 위에 정사각형 ABCD와 수직선을 그린 것이다. 점 A를 중심으로 하고 $\overline{AB}$를 반지름으로 하는 원을 그려 수직선과 만나는 점을 각각 P, Q라 할 때, 두 점 P, Q에 대응하는 수를 각각 구하면?

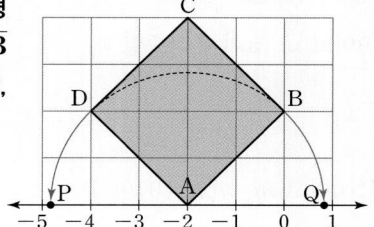

① P: $-4-\sqrt{8}$, Q: $-4+\sqrt{8}$
② P: $-3-\sqrt{8}$, Q: $-3+\sqrt{8}$
③ P: $-2-\sqrt{8}$, Q: $-2+\sqrt{8}$
④ P: $-3-\sqrt{5}$, Q: $-3+\sqrt{5}$
⑤ P: $-2-\sqrt{5}$, Q: $-2+\sqrt{5}$

> k를 나타내는 점(기준점)을 중심으로 하고 반지름의 길이가 $\sqrt{a}$인 원이 수직선과 만나는 점의 좌표는
> ① 점이 기준점의 오른쪽에 있으면
> ➡ $k+\sqrt{a}$
> ② 점이 기준점의 왼쪽에 있으면
> ➡ $k-\sqrt{a}$

7 개념 **10** 실수와 수직선

다음 수직선 위의 점 중에서 $\sqrt{11}-1$에 대응하는 점은?

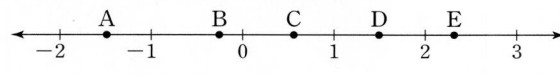

① 점 A   ② 점 B   ③ 점 C
④ 점 D   ⑤ 점 E

8 개념 **10** 실수와 수직선

다음 수 중에서 두 실수 3과 4 사이에 있는 수는 모두 몇 개인가?

$$\sqrt{7}, \quad \sqrt{8}, \quad \sqrt{11}, \quad \sqrt{14}, \quad \sqrt{17}, \quad \sqrt{20}$$

① 1개   ② 2개   ③ 3개
④ 4개   ⑤ 5개

> $\sqrt{c}$가 두 수 a, b 사이의 수인지 알아보려면 $\sqrt{a^2}<\sqrt{c}<\sqrt{b^2}$인지 확인한다.

9 개념 **11** 실수의 대소 관계

다음 □ 안에 들어갈 부등호의 방향이 나머지 넷과 다른 하나는?

① $\sqrt{3}+4$ □ 6 ② $\sqrt{13}-2$ □ 2
③ $4+\sqrt{5}$ □ $4+\sqrt{7}$ ④ -3 □ $3-\sqrt{30}$
⑤ $\sqrt{21}-\sqrt{10}$ □ $\sqrt{17}-\sqrt{10}$

10 개념 **12** 무리수의 정수 부분과 소수 부분

기출

$5-\sqrt{33}$의 정수 부분을 a, $2+\sqrt{7}$의 소수 부분을 b라 할 때, a, b의 값은?

① $a=-2$, $b=-3+\sqrt{7}$ ② $a=-2$, $b=-2+\sqrt{7}$
③ $a=-1$, $b=-2+\sqrt{7}$ ④ $a=0$, $b=-3+\sqrt{7}$
⑤ $a=0$, $b=-2+\sqrt{7}$

> $n<\sqrt{a}<n+1$이면
> $\sqrt{a}$의 정수 부분 ➡ n
> $\sqrt{a}$의 소수 부분 ➡ $\sqrt{a}-n$
> (단, $\sqrt{a}$는 무리수, n은 정수)

01 근호를 포함한 식의 계산 (1)

제곱근의 곱셈과 나눗셈

(1) 제곱근의 곱셈: $a>0$, $b>0$이고 m, n이 유리수일 때

① $\sqrt{a} \times \sqrt{b} = \sqrt{a}\sqrt{b} = $ ❶ ☐

② $m\sqrt{a} \times n\sqrt{b} = $ ❷ ☐

(2) 제곱근의 나눗셈: $a>0$, $b>0$이고 m, $n(n \neq 0)$이 유리수일 때

① $\sqrt{a} \div \sqrt{b} = \dfrac{\sqrt{a}}{\sqrt{b}} = $ ❸ ☐

② $m\sqrt{a} \div n\sqrt{b} = $ ❹ ☐

다음을 계산하시오.

1 $\sqrt{3} \times \sqrt{2}$

2 $-\sqrt{\dfrac{1}{6}} \times \sqrt{30}$

3 $\sqrt{2} \times \sqrt{8}$

4 $2\sqrt{6} \times 3\sqrt{2}$

5 $-3\sqrt{\dfrac{4}{5}} \times 6\sqrt{15}$

6 $\dfrac{\sqrt{24}}{\sqrt{3}}$

7 $\sqrt{12} \div \sqrt{6}$

8 $\sqrt{60} \div (-\sqrt{15})$

9 $6\sqrt{24} \div 3\sqrt{8}$

10 $2\sqrt{28} \div 4\sqrt{7}$

근호가 있는 식의 변형

$a>0$, $b>0$일 때

(1) $\sqrt{a^2 b} = \sqrt{a^2}\sqrt{b} = $ ❺ ☐

(2) $\sqrt{\dfrac{b}{a^2}} = \dfrac{\sqrt{b}}{\sqrt{a^2}} = $ ❻ ☐

(3) $a\sqrt{b} = \sqrt{a^2}\sqrt{b} = $ ❼ ☐

(4) $\dfrac{\sqrt{b}}{a} = \dfrac{\sqrt{b}}{\sqrt{a^2}} = $ ❽ ☐

다음 수를 $a\sqrt{b}$ 꼴로 나타내시오.
(단, b는 가장 작은 자연수)

11 $\sqrt{20}$

12 $-\sqrt{54}$

13 $\sqrt{\dfrac{6}{25}}$

14 $\sqrt{0.12} = \sqrt{\dfrac{\square}{25}} = \dfrac{\sqrt{\square}}{5}$

다음 수를 $\sqrt{a}$ 또는 $-\sqrt{a}$ 꼴로 나타내시오.

15 $3\sqrt{5}$

16 $-5\sqrt{2}$

17 $\dfrac{\sqrt{5}}{6}$

18 $-\dfrac{2\sqrt{7}}{3} = -\sqrt{\dfrac{\square^2 \times 7}{3^2}} = -\sqrt{\square}$

분모의 유리화

(1) **⑨** ☐ : 분모에 근호가 있을 때, 분모, 분자에 0이 아닌 같은 수를 곱하여 분모를 유리수로 고치는 것

(2) 분모를 유리화하는 방법

① $\dfrac{a}{\sqrt{b}}=\dfrac{a\times\sqrt{b}}{\sqrt{b}\times\sqrt{b}}=\dfrac{a\sqrt{b}}{b}$ (단, $b>0$)

② $\dfrac{\sqrt{a}}{\sqrt{b}}=\dfrac{\sqrt{a}\times\sqrt{b}}{\sqrt{b}\times\sqrt{b}}=\dfrac{\sqrt{ab}}{b}$ (단, $a>0$, $b>0$)

③ $\dfrac{a}{c\sqrt{b}}=\dfrac{a\times\boxed{⑩}}{c\sqrt{b}\times\boxed{⑪}}$

$=\dfrac{\boxed{⑫}}{bc}$ (단, $b>0$, $c\neq0$)

▶ 다음 수의 분모를 유리화하시오.

19 $\dfrac{2}{\sqrt{3}}$

20 $-\dfrac{4}{\sqrt{7}}$

21 $-\dfrac{\sqrt{3}}{\sqrt{10}}$

22 $\dfrac{5}{2\sqrt{3}}$

23 $\dfrac{1}{\sqrt{12}}$

24 $\dfrac{\sqrt{5}}{\sqrt{48}}$

25 $-\dfrac{3}{\sqrt{32}}$

26 $-\dfrac{2\sqrt{7}}{\sqrt{75}}$

제곱근표

(1) **⑬** ☐ : 1.00부터 99.9까지의 수의 양의 제곱근의 값을 반올림하여 소수점 아래 셋째 자리까지 나타낸 표

(2) 제곱근표 읽는 방법: 처음 두 자리 수의 가로줄과 끝자리 수의 세로줄이 만나는 곳에 적힌 수를 읽는다.

예 다음 제곱근표에서 $\sqrt{2.84}$의 값은 2.8의 가로줄과 4의 세로줄이 만나는 곳에 적힌 수인 1.685이다.

수	···	3	4	···
⋮	⋮	⋮	⋮	···
2.8	···	1.682	1.685	···
⋮	⋮	⋮	⋮	⋮

(3) 제곱근표에 없는 수의 제곱근의 값

① 100보다 큰 수의 제곱근의 값

➡ $\sqrt{100a}=10\sqrt{a}$, $\sqrt{10000a}=100\sqrt{a}$, ··· 꼴로 고친 후 구한다.

② 0보다 크고 1보다 작은 수의 제곱근의 값

➡ $\sqrt{\dfrac{a}{100}}=\dfrac{\sqrt{a}}{10}$, $\sqrt{\dfrac{a}{10000}}=\dfrac{\sqrt{a}}{100}$, ··· 꼴로 고친 후 구한다.

▶ 아래 제곱근표를 이용하여 다음 제곱근의 값을 구하시오.

수	4	5	6	7
3.1	1.772	1.775	1.778	1.780
3.2	1.800	1.803	1.806	1.808
3.3	1.828	1.830	1.833	1.836

27 $\sqrt{3.25}$　　　　　　**28** $\sqrt{3.37}$

▶ $\sqrt{6}=2.449$, $\sqrt{60}=7.746$일 때, 다음 제곱근의 값을 구하시오.

29 $\sqrt{600}$　　　　　　**30** $\sqrt{6000}$

31 $\sqrt{0.6}$　　　　　　**32** $\sqrt{0.0006}$

1 개념 **1** 제곱근의 곱셈

다음 보기 에서 옳지 **않은** 것을 모두 고르시오.

보기
ㄱ. $\sqrt{7} \times \sqrt{2} = \sqrt{14}$　　　　　　ㄴ. $-\sqrt{6} \times \sqrt{3} = -\sqrt{18}$
ㄷ. $\sqrt{11} \times 4\sqrt{5} = 5\sqrt{44}$　　　　　ㄹ. $-2\sqrt{0.8} \times 5\sqrt{20} = -4$

> $a > 0$, $b > 0$이고 m, n이 유리수일 때
> ① $\sqrt{a}\sqrt{b} = \sqrt{ab}$
> ② $m\sqrt{a} \times n\sqrt{b} = mn\sqrt{ab}$

2 개념 **2** 제곱근의 나눗셈

$9\sqrt{60} \div 3\sqrt{10} \div \sqrt{3}$을 계산하면?

① $2\sqrt{2}$　　　　　② $3\sqrt{2}$　　　　　③ $3\sqrt{3}$
④ $2\sqrt{6}$　　　　　⑤ $6\sqrt{3}$

> 나눗셈은 분수 꼴로 바꾸어 계산하거나 역수의 곱셈으로 고쳐서 계산한다.

기출 3 개념 **3** 근호가 있는 식의 변형

$\sqrt{72} = x\sqrt{2}$, $3\sqrt{6} = \sqrt{y}$일 때, 유리수 x, y에 대하여 $\dfrac{y}{x}$의 값은?

① 6　　　　　② 7　　　　　③ 8
④ 9　　　　　⑤ 10

> $\sqrt{a^2 b} = a\sqrt{b}$, $a\sqrt{b} = \sqrt{a^2 b}$를 이용한다.

4 개념 **4** 분모의 유리화

$\dfrac{a}{\sqrt{60}}$의 분모를 유리화하면 $\dfrac{\sqrt{15}}{10}$일 때, 유리수 a의 값을 구하시오.

> 분모의 근호 안에 제곱인 인수가 있으면 근호 안을 가장 작은 자연수로 만든 후 분모를 유리화한다.

5 개념 **1** 제곱근의 곱셈, 개념 **2** 제곱근의 나눗셈, 개념 **4** 분모의 유리화

다음을 계산하시오.

$$2\sqrt{12} \div \sqrt{6} \times \sqrt{20}$$

> 근호를 포함한 식의 계산에서 곱셈과 나눗셈이 섞여 있을 때는 앞에서부터 차례로 계산한다.

6 개념 **5** 제곱근표

$\sqrt{8} = 2.828$, $\sqrt{80} = 8.944$일 때, $\sqrt{0.008}$의 값은?

① 28.28　　　　　② 89.44　　　　　③ 282.8
④ 0.02828　　　　⑤ 0.08944

> $\sqrt{a^2 b} = a\sqrt{b}$를 이용하여 주어진 제곱근의 값을 이용할 수 있는 형태로 변형한 후 구한다.

개념 ❶ 제곱근의 곱셈

7 오른쪽 그림과 같이 가로의 길이가 $3\sqrt{7}$, 세로의 길이가 $2\sqrt{3}$인 직사각형의 넓이를 구하시오.

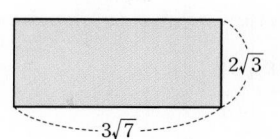

(직사각형의 넓이)
$=$ (가로의 길이)$\times$(세로의 길이)

개념 ❷ 제곱근의 나눗셈

8 $\sqrt{\dfrac{15}{11}} \div \sqrt{\dfrac{5}{7}} \div \sqrt{\dfrac{3}{2}} = \sqrt{a}$일 때, 유리수 a의 값은?

① $\dfrac{11}{14}$ ② $\dfrac{14}{11}$ ③ $\dfrac{7}{11}$

④ $\dfrac{11}{7}$ ⑤ $\dfrac{11}{6}$

개념 ❸ 근호가 있는 식의 변형

9 $\sqrt{\dfrac{36}{150}} = \dfrac{\sqrt{6}}{k}$일 때, 유리수 k의 값을 구하시오.

근호 안의 수가 약분이 되면 약분한 후,
$\sqrt{\dfrac{b}{a^2}} = \dfrac{\sqrt{b}}{a}$ 를 이용한다.

개념 ❸ 근호가 있는 식의 변형

10 $\sqrt{3} = x$라 할 때, $\sqrt{147}$을 x를 사용하여 나타내면?

① $2x$ ② $3x$ ③ $6x$

④ $7x$ ⑤ $8x$

먼저 근호 안의 수를 소인수분해하여 제곱인 인수가 있으면 근호 밖으로 꺼낸다.

기출 **개념 ❹** 분모의 유리화

11 $\dfrac{5}{\sqrt{112}}$의 분모를 유리화할 때, 분모와 분자에 곱해야 할 가장 작은 수는?

① $\sqrt{2}$ ② $\sqrt{3}$ ③ $\sqrt{5}$

④ $\sqrt{6}$ ⑤ $\sqrt{7}$

분모의 근호 안에 제곱인 인수가 있으면 근호 밖으로 꺼내어 근호 안이 가장 작은 자연수가 되도록 한다.

개념 ❺ 제곱근표

12 오른쪽 제곱근표를 이용하여 $\sqrt{5470}$의 값을 구하시오.

수	5	6	7	8
53	7.314	7.321	7.328	7.335
54	7.382	7.389	7.396	7.403
55	7.450	7.457	7.463	7.470

02 근호를 포함한 식의 계산 (2)

제곱근의 덧셈과 뺄셈

l, m, n이 유리수이고 $a>0$일 때

(1) $m\sqrt{a}+n\sqrt{a}=(\boxed{\textbf{❶}\quad\quad})\sqrt{a}$

(2) $m\sqrt{a}-n\sqrt{a}=(\boxed{\textbf{❷}\quad\quad})\sqrt{a}$

(3) $m\sqrt{a}+n\sqrt{a}-l\sqrt{a}=(\boxed{\textbf{❸}\quad\quad\quad})\sqrt{a}$

○ 다음을 계산하시오.

1 $2\sqrt{3}+4\sqrt{3}$

2 $5\sqrt{6}+7\sqrt{6}$

3 $8\sqrt{2}-5\sqrt{2}$

4 $6\sqrt{11}-2\sqrt{11}$

5 $\dfrac{3\sqrt{5}}{4}-\dfrac{\sqrt{5}}{6}$

6 $2\sqrt{7}-5\sqrt{7}+\sqrt{7}$

7 $5\sqrt{5}+7\sqrt{5}-6\sqrt{5}$

8 $\dfrac{\sqrt{6}}{2}-\dfrac{\sqrt{6}}{6}+\dfrac{2\sqrt{6}}{3}$

9 $5\sqrt{3}+2\sqrt{7}-9\sqrt{3}-3\sqrt{7}$

10 $5\sqrt{13}-3\sqrt{10}+2\sqrt{13}-\sqrt{10}$

11 $\sqrt{45}+7\sqrt{5}=\boxed{}\sqrt{5}+7\sqrt{5}=\boxed{}\sqrt{5}$

12 $\sqrt{27}+\sqrt{48}$

13 $\sqrt{75}-2\sqrt{3}$

14 $\sqrt{50}-\sqrt{98}$

15 $\sqrt{8}-\sqrt{32}+\sqrt{128}$

16 $7\sqrt{3}-5\sqrt{6}+\sqrt{24}-\sqrt{12}$

17 $\sqrt{54}+\dfrac{3}{\sqrt{6}}=\boxed{}\sqrt{6}+\dfrac{\sqrt{6}}{\boxed{}}=\dfrac{\boxed{}\sqrt{6}}{\boxed{}}$

18 $2\sqrt{7}-\dfrac{10}{\sqrt{7}}$

19 $\dfrac{\sqrt{6}}{8}-\dfrac{\sqrt{2}}{\sqrt{3}}$

20 $\sqrt{20}+\dfrac{8}{\sqrt{5}}-\sqrt{180}$

21 $\dfrac{1}{\sqrt{8}}-\dfrac{5\sqrt{2}}{6}+\dfrac{4}{\sqrt{72}}$

22 $\dfrac{\sqrt{3}}{3}-\dfrac{7\sqrt{2}}{2}+\dfrac{3}{\sqrt{2}}-\dfrac{\sqrt{12}}{4}$

근호를 포함한 식의 분배법칙

$a>0$, $b>0$, $c>0$일 때

(1) $\sqrt{a}(\sqrt{b}+\sqrt{c})=$ **❹** $+\sqrt{ac}$

(2) $\sqrt{a}(\sqrt{b}-\sqrt{c})=$ **❺** $-\sqrt{ac}$

(3) $(\sqrt{a}+\sqrt{b})\sqrt{c}=\sqrt{ac}+$ **❻**

(4) $(\sqrt{a}-\sqrt{b})\sqrt{c}=\sqrt{ac}-$ **❼**

(5) $\dfrac{\sqrt{a}+\sqrt{b}}{\sqrt{c}}$ 꼴은 분배법칙을 이용하여 분모를 유리화한다.

➡ $\dfrac{\sqrt{a}+\sqrt{b}}{\sqrt{c}}=\dfrac{(\sqrt{a}+\sqrt{b})\times\sqrt{c}}{\sqrt{c}\times\sqrt{c}}=\dfrac{\sqrt{ac}+\boxed{❽}}{c}$

다음을 계산하시오.

23 $\sqrt{3}(\sqrt{7}+\sqrt{2})$

24 $\sqrt{2}(3\sqrt{5}-\sqrt{11})$

25 $(\sqrt{10}+\sqrt{3})\sqrt{6}$

26 $(\sqrt{18}-2\sqrt{14})\sqrt{7}$

다음 수의 분모를 유리화하시오.

27 $\dfrac{1+\sqrt{2}}{\sqrt{3}}$

28 $\dfrac{\sqrt{7}-\sqrt{6}}{\sqrt{5}}$

29 $\dfrac{\sqrt{10}+3\sqrt{3}}{\sqrt{2}}$

30 $\dfrac{\sqrt{20}-\sqrt{18}}{2\sqrt{6}}$

근호를 포함한 식의 혼합 계산

① 괄호가 있으면 **❾** 을 이용하여 괄호를 푼다.

② 근호 안에 제곱인 인수가 있으면 근호 밖으로 꺼낸다.

③ 분모에 근호를 포함한 무리수가 있으면 분모를 **❿** 한다.

④ 제곱근의 곱셈, **⓫** 을 먼저 계산한 후 덧셈, **⓬** 을 계산한다.

다음을 계산하시오.

31 $5\sqrt{14}+3\sqrt{7}\times\sqrt{2}$

32 $3\sqrt{21}\div\sqrt{7}-2\sqrt{3}$

33 $\sqrt{10}\times\sqrt{8}-2\sqrt{30}\div\sqrt{6}$

34 $9\sqrt{6}\div\sqrt{18}-\sqrt{54}\times\sqrt{2}$

35 $\sqrt{2}(\sqrt{3}-3\sqrt{2})+2\sqrt{6}$

36 $\sqrt{6}(2\sqrt{3}+\sqrt{32})-4\sqrt{3}$

37 $(\sqrt{24}-2\sqrt{12})\div\sqrt{3}+4\sqrt{2}$

38 $\sqrt{18}\times\dfrac{3}{\sqrt{6}}+2\div\sqrt{3}$

39 $\sqrt{10}(5+2\sqrt{2})+\dfrac{7-4\sqrt{10}}{\sqrt{2}}$

40 $\dfrac{2-\sqrt{3}}{\sqrt{3}}+(3\sqrt{6}+\sqrt{32})\div\sqrt{2}$

소단원
핵심문제

1 개념 **6** 제곱근의 덧셈과 뺄셈

다음 보기에서 옳은 것을 모두 고르시오.

보기
ㄱ. $\sqrt{6}+2\sqrt{6}=3\sqrt{12}$
ㄴ. $8\sqrt{7}-\sqrt{7}=7\sqrt{7}$
ㄷ. $\dfrac{5\sqrt{5}}{6}-\dfrac{4\sqrt{5}}{9}=\dfrac{11\sqrt{3}}{18}$
ㄹ. $8\sqrt{15}+6\sqrt{13}-3\sqrt{15}+2\sqrt{13}=5\sqrt{15}+8\sqrt{13}$

● $a>0$이고 m, n이 유리수일 때
① $m\sqrt{a}+n\sqrt{a}=(m+n)\sqrt{a}$
② $m\sqrt{a}-n\sqrt{a}=(m-n)\sqrt{a}$

2 개념 **6** 제곱근의 덧셈과 뺄셈

$\sqrt{12}+2\sqrt{54}-\sqrt{108}-\sqrt{24}$를 계산하면?

① $-4\sqrt{3}-4\sqrt{6}$
② $-4\sqrt{3}+4\sqrt{6}$
③ $-4\sqrt{2}+4\sqrt{6}$
④ $4\sqrt{3}-4\sqrt{6}$
⑤ $4\sqrt{3}+4\sqrt{6}$

● 근호 안에 제곱인 인수가 있으면 근호 밖으로 꺼낸 후 근호 안의 수가 같은 것끼리 모아서 계산한다.

3 개념 **7** 근호를 포함한 식의 분배법칙

$(\sqrt{72}+\sqrt{40})\sqrt{5}=a\sqrt{10}+b\sqrt{2}$일 때, 유리수 a, b에 대하여 $a+b$의 값을 구하시오.

● $a>0$, $b>0$, $c>0$일 때
$(\sqrt{a}+\sqrt{b})\sqrt{c}=\sqrt{ac}+\sqrt{bc}$

4 개념 **7** 근호를 포함한 식의 분배법칙

다음을 계산하시오.

$$\dfrac{\sqrt{54}+6}{\sqrt{6}}-\sqrt{96}$$

● 분모가 무리수이면 분모를 유리화하고, $\sqrt{a^2b}$ 꼴이 포함된 수는 $a\sqrt{b}$ 꼴로 바꾼 후 계산한다.

기출 **5** 개념 **8** 근호를 포함한 식의 혼합 계산

$\sqrt{10}(4-3\sqrt{15})-\dfrac{\sqrt{30}-3\sqrt{2}}{\sqrt{3}}$를 계산하면?

① $-3\sqrt{10}-14\sqrt{6}$
② $-3\sqrt{10}+14\sqrt{6}$
③ $3\sqrt{10}-14\sqrt{6}$
④ $6\sqrt{10}-14\sqrt{6}$
⑤ $3\sqrt{10}+14\sqrt{6}$

6 개념 **6** 제곱근의 덧셈과 뺄셈

$\sqrt{28}+2a-4-3a\sqrt{7}$을 계산한 결과가 유리수가 되도록 하는 유리수 a의 값은?

① -2 ② $-\dfrac{3}{2}$ ③ $-\dfrac{2}{3}$

④ $\dfrac{2}{3}$ ⑤ 2

$a>0$이고 m, n이 유리수일 때, $m+n\sqrt{a}$가 유리수가 되려면 $n=0$ 이어야 한다. (단, $\sqrt{a}$는 무리수)

7 개념 **6** 제곱근의 덧셈과 뺄셈

다음 중에서 두 실수의 대소 관계가 옳지 <u>않은</u> 것은?

① $2+3\sqrt{2}>4\sqrt{2}$ ② $5-2\sqrt{5}<2+\sqrt{5}$

③ $4\sqrt{3}-1>2+\sqrt{3}$ ④ $\sqrt{11}+5\sqrt{7}>2\sqrt{11}+3\sqrt{7}$

⑤ $10-\sqrt{20}>6+\sqrt{45}$

두 실수 a, b의 대소 비교
① $a-b>0$이면 $a>b$
② $a-b=0$이면 $a=b$
③ $a-b<0$이면 $a<b$

8 개념 **6** 제곱근의 덧셈과 뺄셈

$\sqrt{8}$의 소수 부분을 a, $1+\sqrt{2}$의 소수 부분을 b라 할 때, $b-a$의 값을 구하시오.

(무리수)=(정수 부분)+(소수 부분)
➡ (소수 부분)
= (무리수)−(정수 부분)

9 개념 **7** 근호를 포함한 식의 분배법칙

오른쪽 삼각형의 넓이를 구하시오.

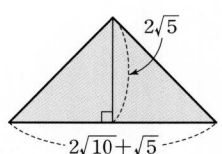

$2\sqrt{5}$

$2\sqrt{10}+\sqrt{5}$

10 기출 개념 **8** 근호를 포함한 식의 혼합 계산

오른쪽 그림은 넓이가 18인 정사각형 ABCD를 수직선 위에 그린 것이다. $\overline{AB}=\overline{PB}$, $\overline{BC}=\overline{BQ}$이고 두 점 P, Q에 대응하는 수를 각각 a, b라 할 때, 다음 물음에 답하시오.

(1) a, b의 값을 각각 구하시오.

(2) $b-\sqrt{2a}$의 값을 구하시오.

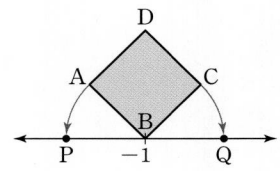

D
A   C
B
P -1 Q

넓이가 a인 정사각형의 한 변의 길이는 $\sqrt{a}$이다.

다항식의 곱셈

(다항식)×(다항식)은 다음과 같은 순서로 계산한다.

① **❶** 법칙을 이용하여 전개한다.

② 동류항이 있으면 동류항끼리 모아서 계산한다.

$$(a+b)(c+d)=\underset{①}{ac}+\underset{②}{ad}+\underset{③}{bc}+\underset{④}{bd}$$

다음 식을 전개하시오.

1 $(x+1)(y-2)$

2 $(a-4)(b+3)$

3 $(-3x+2)(2y-1)$

4 $(x+5)(x-7)=x^2-7x+\boxed{}x-\boxed{}$
$$=x^2-\boxed{}x-\boxed{}$$

5 $(2a-4)(3a-4)$

6 $(5a-2)(-3a+2)$

7 $(-6x+1)(2x-7)$

8 $(a+b)(2a-3b+1)$

9 $(2x-7y)(8x+y-4)$

10 $(-3x+5y)(x-6y+5)$

곱셈 공식

(1) $(\boxed{❷})^2=a^2+2ab+b^2$,

　　$(\boxed{❸})^2=a^2-2ab+b^2$

(2) $(a+b)(a-b)=\boxed{❹}$

(3) $(x+a)(x+b)=x^2+(\boxed{❺})x+ab$

(4) $(ax+b)(cx+d)=acx^2+(\boxed{❻})x+bd$

다음 식을 전개하시오.

11 $(x+1)^2$

12 $(a+2)^2$

13 $(2x+1)^2$

14 $(4a+3b)^2$

15 $(x-3)^2$

16 $(a-6)^2$

17 $(3a-5)^2$

18 $(5x-4y)^2$

19 $(-x-8)^2$

20 $(-2a+3)^2$

21 $(x+1)(x-1)$

22 $(a+3)(a-3)$

23 $\left(x+\dfrac{1}{2}\right)\left(x-\dfrac{1}{2}\right)$

24 $(2a+5)(2a-5)$

25 $(-4x+3)(-4x-3)=(-4x)^2-\boxed{}^2$
$\qquad\qquad\qquad\quad=\boxed{}$

26 $(-6a+7b)(6a+7b)$

27 $(a+2)(a+5)=a^2+(2+\boxed{})a+2\times\boxed{}$
$\qquad\qquad\qquad=a^2+\boxed{}a+\boxed{}$

28 $(x+4)(x-7)$

29 $(a+1)\left(a-\dfrac{2}{3}\right)$

30 $(x+3y)(x+5y)$

31 $(a-6b)(a+2b)$

32 $(x-8y)(x-4y)$

33 $(2x+1)(3x+2)$
$=(2\times\boxed{})x^2+(2\times\boxed{}+1\times\boxed{})x+1\times\boxed{}$
$=\boxed{}$

34 $(3a+4)(4a-3)$

35 $(3x+2y)(4x-5y)$

36 $(-6a+5b)(2a-9b)$

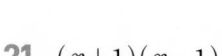 **다음 식을 계산하시오.**

37 $(a+3)^2-(a-2)^2=(a^2+\boxed{}a+9)-(a^2-\boxed{}a+\boxed{})$
$\qquad\qquad\qquad\qquad=\boxed{}a+\boxed{}$

38 $(x+1)(x-1)+2(x+2)^2$

39 $(a+4)(a-5)+2a(a-7)$

40 $(x-5)^2+(2x-1)(3x+2)$

41 $(x-y)(x+4y)-(x-y)(-x+y)$

42 $(3a-5b)(2a+b)-(-5a+b)(a-2b)$

개념 ① 다항식의 곱셈

1 $(2x+y-7)(6x-4y+5)$를 전개한 식에서 xy의 계수를 a, 상수항을 b라 할 때, $b-a$의 값을 구하시오.

> 다항식의 곱셈의 전개식에서 계수를 구할 때, 계수를 구해야 하는 항이 나오는 부분만 전개하는 것이 간단하다.

개념 ② 곱셈 공식

2 다음 보기 에서 전개식이 같은 것끼리 짝 지으시오.

> 보기
> ㄱ. $(-a+b)^2$ ㄴ. $(-a-b)^2$ ㄷ. $(a-b)^2$ ㄹ. $(a+b)^2$

개념 ② 곱셈 공식

3 $(x-a)(x-6)=x^2-bx+18$일 때, 상수 a, b에 대하여 $\dfrac{b}{a}$의 값은?

① -3 ② -2 ③ -1

④ 2 ⑤ 3

> 곱셈 공식을 이용하여 좌변을 전개한 후 우변과 계수를 비교하여 미지수의 값을 구한다.

개념 ② 곱셈 공식

4 다음 중에서 옳은 것을 모두 고르면? (정답 2개)

① $(x+2)^2=x^2+4$ ② $(-3x+1)^2=-9x^2-6x+1$
③ $(-2x-7)(-2x+7)=4x^2-49$ ④ $(x+8)(x-5)=x^2-3x-40$
⑤ $(x-3y)(-4x+2y)=-4x^2+14xy-6y^2$

> ① $(a+b)^2=a^2+2ab+b^2$,
> $(a-b)^2=a^2-2ab+b^2$
> ② $(a+b)(a-b)=a^2-b^2$
> ③ $(x+a)(x+b)$
> $=x^2+(a+b)x+ab$
> ④ $(ax+b)(cx+d)$
> $=acx^2+(ad+bc)x+bd$

개념 ② 곱셈 공식

기출 **5** $(3x+4)(3x-4)-(5x-1)(2x+8)$을 계산하면?

① $-x^2-38x-8$ ② $-x^2-38x+8$ ③ $-x^2+38x-8$

④ $x^2-38x-8$ ⑤ $x^2-38x+8$

6 개념 **1** 다항식의 곱셈

오른쪽 그림에서 색칠한 직사각형의 넓이는?

① $48a^2-40a-6ab-5b$ ② $48a^2-40a-6ab+5b$

③ $48a^2-40a+6ab-5b$ ④ $48a^2+40a-6ab+5b$

⑤ $48a^2+40a+6ab-5b$

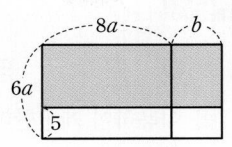

(직사각형의 넓이)
=(가로의 길이)×(세로의 길이)

7 개념 **2** 곱셈 공식

다음 식에서 상수 a, b의 값을 각각 구하시오. (단, $a>0$)

(1) $(x+a)^2=x^2+bx+16$ (2) $(x-a)^2=x^2+bx+\dfrac{1}{25}$

기출 **8** 개념 **2** 곱셈 공식

$(x-2)(x+11)$에서 2를 a로 잘못 보고 전개하였더니 x^2+8x+b가 되었다. 이때 상수 a, b의 값을 각각 구하시오.

잘못 본 수 대신에 문자를 대입하여 전개한 후 비교한다.

9 개념 **2** 곱셈 공식

$(5x-4)(2x+a)=10x^2+7x+b$일 때, 상수 a, b에 대하여 $\dfrac{b}{a}$의 값을 구하시오.

곱셈 공식을 이용하여 좌변을 전개한 후 우변과 계수를 비교하여 미지수의 값을 구한다.

10 개념 **2** 곱셈 공식

다음 중에서 전개했을 때, xy의 계수가 가장 작은 것은?

① $(-x+2y)^2$ ② $(4x+6y)(4x-6y)$

③ $(x+3y)(x-10y)$ ④ $(3x+y)(-2x-5y)$

⑤ $(-7x+4y)(-2x+3y)$

02 곱셈 공식의 활용

곱셈 공식을 이용한 수의 계산

(1) 수의 제곱의 계산: $(a+b)^2=$ ❶ [   ] 또는
$(a-b)^2=$ ❷ [   ] 을 이용하여 계산한다.

(2) 두 수의 곱의 계산: $(a+b)(a-b)=$ ❸ [   ] 또는
$(x+a)(x+b)=x^2+(a+b)x+ab$를 이용하여 계산한다.

▶ 곱셈 공식을 이용하여 다음을 계산하시오.

1 $102^2=(100+\boxed{})^2=100^2+2\times100\times\boxed{}+\boxed{}^2$
$=10000+\boxed{}+\boxed{}=\boxed{}$

2 47^2

3 98^2

4 399^2

5 1003^2

6 $106\times94=(100+\boxed{})(100-\boxed{})=100^2-\boxed{}^2$
$=10000-\boxed{}=\boxed{}$

7 52×48

8 102×107

9 195×192

10 10.1×9.9

곱셈 공식을 이용한 근호를 포함한 식의 계산

근호를 포함한 식의 계산은 제곱근을 문자로 생각하고
❹ [   ] 을 이용하여 전개한 후 근호 안의 수가 같은 것끼리 계산한다.

▶ 곱셈 공식을 이용하여 다음을 계산하시오.

11 $(\sqrt{2}+\sqrt{5})^2$

12 $(3+\sqrt{2})^2$

13 $(2\sqrt{6}+1)^2$

14 $(\sqrt{6}-\sqrt{3})^2$

15 $(5-\sqrt{7})^2$

16 $(2\sqrt{5}-3)^2$

17 $(\sqrt{7}+\sqrt{6})(\sqrt{7}-\sqrt{6})$

18 $(4+\sqrt{10})(4-\sqrt{10})$

19 $(\sqrt{2}+3)(\sqrt{2}-8)$

20 $(5\sqrt{3}-3)(2\sqrt{3}+7)$

곱셈 공식을 이용한 분모의 유리화

분모가 두 수의 합 또는 차로 되어 있는 무리수일 때, 곱셈 공식 $(a+b)(a-b)=a^2-b^2$을 이용하여 분모를 유리화한다.

$a>0$, $b>0$이고 a, b는 유리수, c는 실수일 때

$$\frac{c}{\sqrt{a}+\sqrt{b}}=\frac{c(\boxed{❺})}{(\sqrt{a}+\sqrt{b})(\boxed{❻})}$$

$$=\boxed{❼} \quad (단, a\neq b)$$

▶ 다음 수의 분모를 유리화하시오.

21 $\dfrac{2}{3+\sqrt{5}}$

22 $\dfrac{\sqrt{5}}{-2+\sqrt{3}}$

23 $\dfrac{4}{\sqrt{6}+\sqrt{5}}$

24 $\dfrac{\sqrt{7}-\sqrt{2}}{\sqrt{7}+\sqrt{2}}$

$x=a\pm\sqrt{b}$ 꼴이 주어진 경우 식의 값 구하기

방법1 주어진 조건을 변형하여 식의 값을 구한다.

$$x=a+\sqrt{b} \;\Rightarrow\; x-a=\sqrt{b} \;\Rightarrow\; (x-a)^2=\boxed{❽}$$

방법2 주어진 조건을 식에 대입하여 식의 값을 구한다.

▶ 다음 식의 값을 구하시오.

25 $x=1-\sqrt{2}$일 때, x^2-2x의 값

$x=1-\sqrt{2}$에서 $x-1=\boxed{}$
양변을 제곱하면 $x^2-2x+1=\boxed{}$
따라서 $x^2-2x=\boxed{}$

26 $x=-2+\sqrt{7}$일 때, x^2+4x의 값

27 $x=3+\sqrt{5}$일 때, x^2-6x의 값

28 $x=5-\sqrt{2}$일 때, $x^2-10x+1$의 값

곱셈 공식의 변형

(1) $a^2+b^2=(\boxed{❾})^2-2ab$

(2) $a^2+b^2=(\boxed{❿})^2+2ab$

(3) $(a+b)^2=(a-b)^2+\boxed{⓫}$

(4) $(a-b)^2=(a+b)^2-\boxed{⓬}$

▶ 다음 식의 값을 구하시오.

29 $x+y=2$, $xy=-4$일 때, x^2+y^2의 값

30 $x-y=-3$, $xy=1$일 때, x^2+y^2의 값

31 $x-y=-7$, $xy=3$일 때, $(x+y)^2$의 값

32 $x+y=6$, $xy=5$일 때, $(x-y)^2$의 값

▶ $x+y=-6$, $xy=3$일 때, 다음 식의 값을 구하시오.

33 x^2+y^2

34 $(x-y)^2$

▶ $x-y=9$, $xy=-5$일 때, 다음 식의 값을 구하시오.

35 x^2+y^2

36 $(x+y)^2$

개념 ③ 곱셈 공식을 이용한 수의 계산

1 다음 중에서 107×93을 계산할 때, 가장 편리한 곱셈 공식을 고르면? (단, $a > 0$, $b > 0$)

① $(a+b)^2 = a^2 + 2ab + b^2$
② $(a-b)^2 = a^2 - 2ab + b^2$
③ $(a+b)(a-b) = a^2 - b^2$
④ $(x+a)(x+b) = x^2 + (a+b)x + ab$
⑤ $(ax+b)(cx+d) = acx^2 + (ad+bc)x + bd$

개념 ④ 곱셈 공식을 이용한 근호를 포함한 식의 계산

2 $(\sqrt{18}+4)^2 = a + b\sqrt{2}$일 때, 유리수 a, b에 대하여 $a-b$의 값은?

① 4
② 6
③ 8
④ 10
⑤ 12

● 근호 안에 제곱인 인수가 있으면 근호 밖으로 꺼낸 후 곱셈 공식을 이용하여 전개한다.

개념 ⑤ 곱셈 공식을 이용한 분모의 유리화

3 $\dfrac{\sqrt{5}+\sqrt{2}}{\sqrt{5}-\sqrt{2}} = a + b\sqrt{10}$일 때, 유리수 a, b에 대하여 $a+b$의 값을 구하시오.

● 좌변을 곱셈 공식 $(a+b)(a-b) = a^2 - b^2$을 이용하여 분모를 유리화한다.

개념 ⑤ 곱셈 공식을 이용한 분모의 유리화

4 $x = \dfrac{3}{3+\sqrt{6}}$, $y = \dfrac{3}{3-\sqrt{6}}$일 때, $x-y$의 값은?

① -6
② $-2\sqrt{6}$
③ $\sqrt{6}$
④ $2\sqrt{6}$
⑤ 6

● 먼저 x, y의 분모를 각각 유리화한다.

개념 ⑥ $x = a \pm \sqrt{b}$ 꼴이 주어진 경우 식의 값 구하기

5 $x = \dfrac{2}{3-2\sqrt{2}}$일 때, $x^2 - 12x - 3$의 값을 구하시오.

개념 ⑦ 곱셈 공식의 변형

기출 **6** $x-y = -3$, $x^2 + y^2 = 10$일 때, xy의 값을 구하시오.

● $(x-y)^2 = x^2 + y^2 - 2xy$를 이용하여 xy의 값을 구한다.

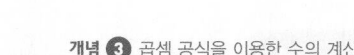
7 개념 ❸ 곱셈 공식을 이용한 수의 계산

곱셈 공식을 이용하여 다음 수를 계산하시오.

(1) 201^2

(2) 50.8×49.2

8 개념 ❹ 곱셈 공식을 이용한 근호를 포함한 식의 계산

$(2\sqrt{3}-3A)(\sqrt{3}+4)$가 유리수가 되도록 하는 유리수 A의 값은?

① $-\dfrac{8}{3}$

② -2

③ $-\dfrac{4}{3}$

④ $\dfrac{4}{3}$

⑤ $\dfrac{8}{3}$

> $a, b, c\ (c>0)$가 유리수일 때, $a+b\sqrt{c}$가 유리수가 되려면 $b=0$이 어야 한다. (단, $\sqrt{c}$는 무리수)

9 개념 ❺ 곱셈 공식을 이용한 분모의 유리화

$\dfrac{6}{2\sqrt{2}+\sqrt{5}}$의 분모를 유리화하면?

① $-4\sqrt{2}-2\sqrt{5}$

② $-4\sqrt{2}+2\sqrt{5}$

③ $4\sqrt{2}-2\sqrt{5}$

④ $2\sqrt{2}+4\sqrt{5}$

⑤ $4\sqrt{2}+4\sqrt{5}$

> $(a+b)(a-b)=a^2-b^2$을 이용하여 분모를 유리화한다.

10 개념 ❻ $x=a\pm\sqrt{b}$ 꼴이 주어진 경우 식의 값 구하기

$\sqrt{10}$의 소수 부분을 x라 할 때, x^2+6x의 값은?

① -2

② -1

③ 0

④ 1

⑤ 2

> (무리수)
> =(정수 부분)+(소수 부분)
> ➡ (소수 부분)
> =(무리수)−(정수 부분)

11 개념 ❼ 곱셈 공식의 변형
기출

$x=\sqrt{3}+\sqrt{2},\ y=\sqrt{3}-\sqrt{2}$일 때, 다음 식의 값을 구하시오.

(1) $x+y$

(2) xy

(3) x^2+y^2

인수분해

(1) **인수**: 하나의 다항식을 두 개 이상의 다항식의 곱으로 나타낼 때, 각각의 식을 처음 식의 인수라 한다.

(2) **❶** [ ] : 하나의 다항식을 두 개 이상의 인수의 곱으로 나타내는 것으로 **❷** [ ] 와 서로 반대의 과정이다.

▶ 다음 식은 어떤 다항식을 인수분해한 것인지 구하시오.

1 $x(x+2)$

2 $(a-2)^2$

3 $(x+1)(x-1)$

4 $(a+3)(a-2)$

5 $(3x-1)(x+1)$

▶ 다음 식의 인수를 보기 에서 모두 고르시오.

6 $a^2(a-2)$

보기
ㄱ. a ㄴ. $a-2$
ㄷ. a^2-2 ㄹ. $a(a-2)$

7 $(x-3)(2x+1)$

보기
ㄱ. $2x$ ㄴ. $x-3$
ㄷ. $2x+1$ ㄹ. $(x-3)(2x+1)$

공통인 인수를 이용한 인수분해

분배법칙을 이용하여 각 항의 공통인 인수로 묶어 인수분해한다. **➡** $ma+mb=$ **❸** [ ] $(a+b)$

▶ 다음 식을 인수분해하시오.

8 $2ab-3a$

9 $xy+2x^2y$

10 $10x^3-15x^2$

11 $12a^2b-6ab^2$

12 $8x^2+2xy-4x$

13 a^2b+ab^2-2ab

14 $xy(x+y)-xy=$ [ ] $(x+y-1)$

15 $2a(a+b)+(a+b)$

16 $x(x-3)+2(3-x)$

인수분해 공식 (1) – 완전제곱식

(1) $a^2 \pm 2ab + b^2$의 인수분해

　① $a^2 + 2ab + b^2 = (a+b)^2$

　② $a^2 - 2ab + b^2 = ($ ❹ $\quad)^2$

(2) 완전제곱식: 다항식의 제곱으로 된 식 또는 이 식에 상수를 곱한 식

(3) $x^2 + ax + b \ (b>0)$가 완전제곱식이 될 조건

　① $b = ($ ❺ $)^2$　　② $a = \pm 2\sqrt{b}$

▶ 다음 식을 인수분해하시오.

17 $a^2 + 18a + 81 = a^2 + 2 \times a \times \boxed{} + 9^2 = (a + \boxed{})^2$

18 $9x^2 + 24x + 16$

19 $36y^2 + 12y + 1$

20 $a^2 + 10ab + 25b^2$

21 $81x^2 + 36xy + 4y^2$

22 $a^2 x - 4ax + 4x = \boxed{}(a^2 - 4a + \boxed{})$
$\qquad\qquad = \boxed{}(a - \boxed{})^2$

23 $2ax^2 - 20ax + 50a$

24 $3a^2 - 12ab + 12b^2$

▶ 다음 식이 완전제곱식이 되도록 □ 안에 알맞은 양수를 써넣으시오.

25 $x^2 - 2x + \boxed{}$

26 $a^2 + \boxed{}a + \dfrac{1}{9}$

27 $36x^2 + 60xy + \boxed{}y^2$

인수분해 공식 (2) – 제곱의 차

$$\underset{\text{제곱의 차}}{a^2 - b^2} = \underset{\text{합}}{(a+b)}\underset{\text{차}}{(a-b)}$$

▶ 다음 식을 인수분해하시오.

28 $x^2 - 16$

29 $\dfrac{1}{4}a^2 - 25$

30 $-x^2 + 4y^2$

31 $12 - 3a^2 = \boxed{}(4 - a^2) = \boxed{}(2 + \boxed{})(2 - a)$

32 $4x^2 - 36y^2$

33 $a^4 - 1 = (\boxed{})(a^2 - 1) = (\boxed{})(a+1)(a-1)$

34 $x^4 - 16y^4$

35 $3a^4 - \dfrac{1}{27}b^4$

개념 ❶ 인수분해의 뜻

1 다음 중에서 다항식 $a(a-2b)^2$의 인수가 <u>아닌</u> 것은?

① a ② $a-2b$ ③ a^2

④ $a(a-2b)$ ⑤ $(a-2b)^2$

개념 ❷ 공통인 인수를 이용한 인수분해

2 다음 중에서 다항식 $12x^2-3xy$를 인수분해한 것으로 옳은 것은?

① $3x(4x-1)$ ② $3y(4x^2-x)$ ③ $3x(4x-y)$

④ $-3x(4x+y)$ ⑤ $-3xy(4x-1)$

● 다항식의 각 항에 공통인 인수가 있으면 그 인수로 묶어 내어 인수분해한다.

개념 ❸ 인수분해 공식 (1) – 완전제곱식

3 다항식 $16x^2+40x+25$를 인수분해하시오.

● $●^2+2×●×■+■^2$
$=(●+■)^2$

기출 4 다음 두 다항식이 모두 완전제곱식이 될 때, 상수 a, b에 대하여 $a+b$의 값을 구하시오. (단, $a>0$)

$$x^2+ax+4, \qquad 9x^2-48x+b$$

● x^2의 계수가 1인 다항식이 완전제곱식이 되려면 상수항은 $\left\{\dfrac{(x의\ 계수)}{2}\right\}^2$ 이 되어야 하고 x의 계수는 $\pm2\sqrt{(상수항)}$이어야 한다.

개념 ❹ 인수분해 공식 (2) – 제곱의 차

5 다음 중에서 $2x^2-18$의 인수인 것은?

① $x-2$ ② $x-6$ ③ $2x-3$

④ $2x-6$ ⑤ $3x+1$

● 공통인 인수가 있으면 그 인수로 묶어 낸 후 인수분해 공식을 이용한다.

6 개념 **1** 인수분해의 뜻

다음 중에서 다항식 $2x^2-4xy-6x$의 인수가 <u>아닌</u> 것을 모두 고르면? (정답 2개)

① x 　　　② y 　　　③ x^2

④ $x-2y-3$ 　　　⑤ $x(x-2y-3)$

7 개념 **2** 공통인 인수를 이용한 인수분해

다음 중에서 옳지 <u>않은</u> 것은?

① $3a^2-9a=3a(a-3)$ 　　　② $4x^2y+6xy=2xy(2x+3)$

③ $a(2x-y)-ay=2a(x-y)$ 　　　④ $ax^3y+bxy^2=xy(ax^2+by)$

⑤ $a(a+2b)-b(a+2b)=(a+b)(a+2b)$

> 인수분해할 때에는 공통으로 들어 있는 인수가 남지 않도록 모두 묶어 낸다.

8 개념 **3** 인수분해 공식 (1) – 완전제곱식

오른쪽 그림과 같이 넓이가 각각 a^2, ab, b^2인 세 종류의 대수 막대 4개를 겹치지 않게 이어 붙여 하나의 정사각형을 만들었을 때, 정사각형의 한 변의 길이를 구하시오.

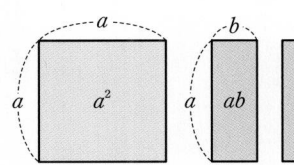

> 모든 직사각형의 넓이의 합을 구한 뒤 그것을 인수분해하여 정사각형의 한 변의 길이를 구한다.

9 개념 **3** 인수분해 공식 (1) – 완전제곱식

$-1<a<2$일 때, 인수분해 공식을 이용하여 다음 식을 간단히 하시오.

(1) $\sqrt{a^2+2a+1}$ 　　　(2) $\sqrt{a^2-4a+4}$

> 근호 안의 식을 완전제곱식으로 인수분해한 후 다음을 이용하여 근호를 없앤다.
> $\sqrt{(x-a)^2}$
> $=\begin{cases} x-a & (x-a\geq0) \\ -(x-a) & (x-a<0) \end{cases}$

기출 10 개념 **4** 인수분해 공식 (2) – 제곱의 차

다음은 다항식 $18x^2-32$를 인수분해하는 과정이다. □ 안에 알맞은 모든 양수의 합은?

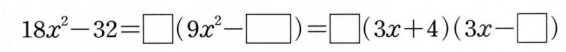

$$18x^2-32=\boxed{}(9x^2-\boxed{})=\boxed{}(3x+4)(3x-\boxed{})$$

① 20 　　　② 22 　　　③ 24

④ 26 　　　⑤ 28

> 공통인 인수가 있으면 그 인수로 묶어 낸 후 인수분해 공식을 이용한다.

02 인수분해 공식(3), (4)

인수분해 공식 (3) $-$ x^2의 계수가 1인 이차식

두 수의 곱

$$x^2 + (\boxed{❶})x + \boxed{❷} = (x+a)(x+b)$$

두 수의 합

▶ 합과 곱이 각각 다음과 같은 두 정수를 찾으시오.

1 합: 1, 곱: -56

2 합: 13, 곱: 40

3 합: -10, 곱: 24

4 합: -7, 곱: -30

▶ 다음 식을 인수분해하시오.

5 $x^2 + 2x - 24$

곱이 -24인 두 정수 중 합이 $\square$인 두 정수는 -4, $\square$ 이므로
$x^2 + 2x - 24 = (x-4)(x+\square)$

6 $x^2 - 5x - 36$

7 $a^2 - 11a - 12$

8 $x^2 + x - 72$

9 $y^2 + 8y + 15$

10 $x^2 - 3x - 28$

11 $x^2 - 15xy + 50y^2$

곱이 $50y^2$인 두 일차식 중 합이 $\square y$인 두 일차식은
$-5y$, $\square y$이므로
$x^2 - 15xy + 50y^2 = (x-5y)(x-\square y)$

12 $a^2 - 10ab + 21b^2$

13 $x^2 - 8xy - 20y^2$

14 $a^2 + 14ab + 24b^2$

15 $x^2 + 19xy - 42y^2$

▶ 다음 식을 인수분해하시오.

16 $3a^2 + 24a + 21 = \square(a^2 + 8a + \square)$
$ = \square(a+1)(a+\square)$

17 $2x^2 + 8x - 24$

18 $4a^2x - 8ax - 60x$

19 $2a^2 - 2ab - 12b^2$

20 $5x^2 - 35xy + 60y^2$

인수분해 공식 (4) − x^2의 계수가 1이 아닌 이차식

$$acx^2+(ad+bc)x+bd=(ax+b)(cx+d)$$

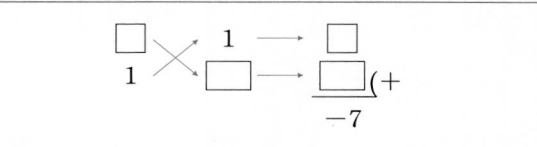

▶ 다음 식을 인수분해하시오.

21 $2x^2-7x-4$

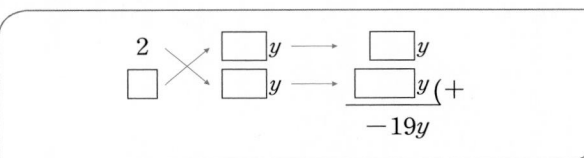

22 $2a^2+7a+5$

23 $4x^2-4x-3$

24 $6a^2-7a+2$

25 $14x^2+17x-6$

26 $5a^2+18a-8$

27 $6x^2-19xy+15y^2$

28 $5a^2+21ab+4b^2$

29 $6x^2+7xy-10y^2$

30 $3a^2-11ab+6b^2$

31 $2x^2-xy-10y^2$

▶ 다음 식을 인수분해하시오.

32 $6a^2-3a-18=\square(2a^2-a-\square)$
$\qquad\qquad =\square(2a+3)(a-\square)$

33 $8x^2-16x+6$

34 $4a^2x+14ax+6x$

35 $15a^2+25ab+10b^2$

36 $20x^2-36xy+16y^2$

개념 5 인수분해 공식 (3) – x^2의 계수가 1인 이차식

1 곱이 -32인 두 정수를 찾아 그 합을 구하여 오른쪽 표를 완성하고, 다음 식을 인수분해하시오.

(1) $x^2+31x-32$

(2) $x^2+14x-32$

(3) $x^2-4x-32$

곱이 -32인 두 정수	두 정수의 합
-1, ☐	☐
1, -32	-31
-2, ☐	☐
2, -16	-14
-4, 8	4
☐, -8	☐

● $x^2+(a+b)x+ab$를 인수분해할 때는 곱이 상수항인 두 정수를 구한 후 그중에서 합이 x의 계수인 두 정수를 구한다.

개념 5 인수분해 공식 (3) – x^2의 계수가 1인 이차식

2 다음 보기 에서 인수분해한 것이 옳지 <u>않은</u> 것을 모두 고르시오.

보기
ㄱ. $x^2-3x-18=(x+6)(x-3)$ ㄴ. $x^2-5x+4=(x-1)(x-4)$
ㄷ. $x^2-3xy-40y^2=(x+5y)(x-8y)$ ㄹ. $x^2+9xy-36y^2=(x+3y)(x-12y)$

기출 3

개념 5 인수분해 공식 (3) – x^2의 계수가 1인 이차식

다항식 $x^2+ax+10$이 $(x+p)(x+q)$ (p, q는 자연수)로 인수분해될 때, 다음 중에서 상수 a의 값이 될 수 있는 것을 모두 고르면? (정답 2개)

① 5   ② 7   ③ 9

④ 11   ⑤ 13

● 곱이 10인 두 자연수를 구하여 그 두 자연수의 합이 될 수 있는 것을 찾는다.

개념 6 인수분해 공식 (4) – x^2의 계수가 1이 아닌 이차식

4 다음 보기 에서 다항식 $8x^2-14x-15$의 인수를 모두 고르시오.

보기
ㄱ. $2x-3$ ㄴ. $2x-5$ ㄷ. $4x+1$ ㄹ. $4x+3$

개념 6 인수분해 공식 (4) – x^2의 계수가 1이 아닌 이차식

5 오른쪽 그림과 같이 넓이가 $9a^2+18a+5$인 직사각형의 세로의 길이가 $3a+1$일 때, 이 직사각형의 가로의 길이는?

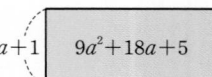

① $3a+2$ ② $3a+3$ ③ $3a+4$

④ $3a+5$ ⑤ $3a+6$

● (직사각형의 넓이)
= (가로의 길이) × (세로의 길이)
이므로 넓이를 인수분해하여 가로의 길이를 구한다.

6 개념 **5** 인수분해 공식 (3) – x^2의 계수가 1인 이차식

다항식 x^2-3x-4가 x의 계수가 1인 두 일차식의 곱으로 인수분해될 때, 이 두 일차식의 합을 구하시오.

> $x^2+(a+b)x+ab$를 인수분해할 때는 곱이 상수항인 두 정수를 구한 후 그중에서 합이 x의 계수인 두 정수를 구한다.

기출 **7** 개념 **5** 인수분해 공식 (3) – x^2의 계수가 1인 이차식

$(x-4)(x+5)+7x=(x+a)(x+b)$일 때, 상수 a, b의 값을 각각 구하시오.

8 개념 **5** 인수분해 공식 (3) – x^2의 계수가 1인 이차식

다음 **보기** 에서 $x-5$를 인수로 갖는 다항식을 모두 고르시오.

보기
ㄱ. $x^2-2x-15$ ㄴ. x^2+x-20
ㄷ. $x^2+2x-35$ ㄹ. $x^2-3x-40$

9 개념 **6** 인수분해 공식 (4) – x^2의 계수가 1이 아닌 이차식

다음 두 다항식의 공통인 인수는?

$$6x^2+13x-5, \qquad 9x^2-1$$

① $2x-3$ ② $3x-1$ ③ $x-10$
④ $2x+5$ ⑤ $3x+1$

> 각 다항식을 인수분해하여 공통으로 들어 있는 인수를 구한다.

10 개념 **6** 인수분해 공식 (4) – x^2의 계수가 1이 아닌 이차식

다항식 $2x^2-11x+a$가 $x-7$을 인수로 가질 때, 상수 a의 값을 구하시오.

> $2x^2-11x+a$의 x^2의 계수가 2이므로
> $2x^2-11x+a=(x-7)(2x+b)$
>   (b는 상수)
> 꼴로 인수분해된다.

03 인수분해의 활용

복잡한 식의 인수분해

(1) 치환을 이용한 다항식의 인수분해

　❶ [　　　　] 또는 복잡한 식을 한 문자로 치환한 후 인수분해 공식을 이용한다.

(2) 항이 4개인 다항식의 인수분해

　① 공통인 인수가 생기도록 두 항씩 나눈 후 인수분해 한다.

　② 완전제곱식으로 나타낼 수 있는 세 항을 찾아

　❷ [　　　　] 꼴로 변형한 후 인수분해한다.

▶ 다음 식을 인수분해하시오.

1 $2(3x+2)^2-5(3x+2)-3$

$$\begin{aligned} 2(3x+2)^2-5(3x+2)-3 \\ =2A^2-5A-3 \\ =(A-3)(\boxed{\quad}) \\ =(3x-1)(\boxed{\quad}) \end{aligned}$$

$3x+2=A$로 놓는다.

인수분해한다.

A 대신 $3x+2$를 대입하여 정리한다.

2 $(a+b)^2-16$

3 $(x-3)^2-(x-3)-30$

4 $6(a+3b)^2+7(a+3b)+2$

5 $(2x+3)^2-(x-5)^2$

$$\begin{aligned} (2x+3)^2-(x-5)^2 \\ =A^2-B^2 \\ =(A+B)(\boxed{\quad}) \\ =(3x-2)(\boxed{\quad}) \end{aligned}$$

$2x+3=A$, $x-5=B$로 놓는다.

인수분해한다.

A 대신 $2x+3$, B 대신 $x-5$를 대입하여 정리한다.

6 $16(x-1)^2-8(x-1)(3x+1)+(3x+1)^2$

7 $(2x+y)^2-(x-y)^2$

▶ 다음 식을 인수분해하시오.

8 $xy+x-y-1=\boxed{\quad}(y+1)-(y+1)$
$$=(\boxed{\quad})(y+1)$$

9 a^2b-3a^2-2b+6

10 $3x^2y-6xy-x+2$

11 $4a^2-2a-b^2-b$

12 $x^2-y^2-4x+4=(\boxed{\quad})^2-y^2$
$$=(x+y-2)(\boxed{\quad})$$

13 a^2-b^2-6b-9

14 $25x^2-y^2-10y-25$

15 $4a^2-9b^2-4a+1$

16 $9a^2+6a-b^2+1$

인수분해 공식의 활용

(1) **인수분해 공식을 이용한 수의 계산**
인수분해 공식을 이용할 수 있도록 수의 모양을 바꾸어 계산한다.
① 공통인 인수로 묶어 계산한다.
➡ $ma+mb=$ ❸ ☐
② 완전제곱식을 이용하여 계산한다.
➡ $a^2+2ab+b^2=(a+b)^2$,
$a^2-2ab+b^2=(a-b)^2$
③ 제곱의 차를 이용하여 계산한다.
➡ $a^2-b^2=(a+b)($ ❹ ☐ $)$

(2) **인수분해 공식을 이용한 식의 값**
주어진 식을 인수분해한 후 문자에 수를 대입하여 계산한다.

🏷 인수분해 공식을 이용하여 다음을 계산하시오.

17 $12\times49-12\times19=12(49-$ ☐ $)$
$=12\times$ ☐ $=$ ☐

18 $3.45\times15.5-3.45\times5.5$

19 $\sqrt{49^2-49\times13}$

20 $53^2-2\times53\times13+13^2=(53-$ ☐ $)^2$
$=$ ☐

21 $7.5^2-2\times7.5\times2.5+2.5^2$

22 $\sqrt{83^2+2\times83\times17+17^2}$

23 $999^2-1^2=($ ☐ $+1)($ ☐ $-1)$
$=$ ☐ $\times998=$ ☐

24 45^2-35^2

25 $\dfrac{79^2-21^2}{58\times5+58\times95}$

26 $5\times2.15^2-5\times1.85^2$

🏷 인수분해 공식을 이용하여 다음을 구하시오.

27 $x=\sqrt{7}+3$일 때, x^2-6x+9의 값
➡ $x^2-6x+9=(x-$ ☐ $)^2=($ ☐ $)^2=$ ☐

28 $x=75$일 때, x^2-25의 값

29 $x=5+2\sqrt{2}$일 때, $x^2-10x+25$의 값

30 $a=\sqrt{3}-\sqrt{2}$, $b=\sqrt{3}+\sqrt{2}$일 때, a^2-b^2의 값
➡ $a^2-b^2=(a+b)($ ☐ $)$
$=$ ☐ $\times(-2\sqrt{2})=$ ☐

31 $a=121$, $b=21$일 때, $a^2-2ab+b^2$의 값

32 $x=2+\sqrt{3}$, $y=2-\sqrt{3}$일 때, $x^2+xy-x-y$의 값

소단원 핵심문제

개념 ⑦ 복잡한 식의 인수분해

1 다음 식을 인수분해하시오.

(1) $6(2x-1)^2-(2x-1)-2$

(2) $3(x-5)^2-12$

(3) $4(2x+1)^2-7(2x+1)(x-1)-15(x-1)^2$

> 공통부분 또는 복잡한 식을 한 문자로 치환한 후 인수분해 공식을 이용한다.

개념 ⑦ 복잡한 식의 인수분해

2 $(5x+4)^2-(3x-1)^2=(8x+a)(2x+b)$일 때, 상수 a, b에 대하여 $a+b$의 값은?

① 2   ② 4   ③ 6

④ 8   ⑤ 10

개념 ⑦ 복잡한 식의 인수분해

3 다음 두 다항식이 이차 이상의 공통인 인수를 가질 때, 각 다항식의 공통인 인수가 <u>아닌</u> 두 일차식의 합을 구하시오.

$$x^3-2x^2-x+2, \qquad x^3+4x^2-x-4$$

> 공통인 인수가 생기도록 두 항씩 나누어 인수분해한다.

개념 ⑧ 인수분해 공식의 활용

기출 **4** 인수분해 공식을 이용하여 $\sqrt{3\times56^2-3\times44^2}$의 값을 구하시오.

> 인수분해 공식을 이용할 수 있도록 수의 모양을 바꾸어 계산한다.

개념 ⑧ 인수분해 공식의 활용

5 $x=\sqrt{5}+2$, $y=\sqrt{5}-2$일 때, $x^2-2xy+y^2$의 값은?

① 10   ② 12   ③ 14

④ 16   ⑤ 18

> 주어진 식을 인수분해한 후 문자에 수를 대입하여 계산한다.

6 개념 **7** 복잡한 식의 인수분해

다항식 $6(x-y)^2-23(x-y)+15$가 x의 계수가 자연수인 두 일차식의 곱으로 인수분해될 때, 이 두 일차식의 합은?

① $3x-2y+5$ ② $4x-5y-8$ ③ $5x-7y-8$
④ $6x-6y-9$ ⑤ $7x-7y-8$

공통부분을 한 문자로 치환한 후 인수분해 공식을 이용한다.

기출 **7** 개념 **7** 복잡한 식의 인수분해

오른쪽 그림과 같이 한 변의 길이가 a m인 정사각형 모양의 공원에 폭이 $2b$ m로 일정한 길을 만들었을 때, 길의 넓이는?

① $6a(a+2b)$ m^2 ② $6b(a-2b)$ m^2
③ $8a(a+2b)$ m^2 ④ $8b(a-2b)$ m^2
⑤ $10a(a+2b)$ m^2

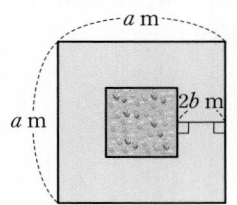

길의 폭이 $2b$ m로 일정하므로 길을 제외한 부분은 한 변의 길이가 $(a-4b)$ m인 정사각형이다.

---

8 개념 **7** 복잡한 식의 인수분해

$xy^2-4x-2y^3+8y$가 $A(y+2)(y-2)$로 인수분해될 때, 다항식 A를 구하시오.

공통인 인수가 생기도록 두 항씩 나누어 인수분해한다.

---

9 개념 **8** 인수분해 공식의 활용

인수분해 공식을 이용하여 $\sqrt{4\times50^2-4\times30^2}$의 값을 구하면?

① 40 ② 50 ③ 60
④ 70 ⑤ 80

인수분해 공식을 이용할 수 있도록 수의 모양을 바꾸어 계산한다.

---

10 개념 **8** 인수분해 공식의 활용

$x=\sqrt{2}-1$, $y=\sqrt{2}+1$일 때, $x^2-y^2+2x+2y$의 값은?

① -2 ② -1 ③ 0
④ 1 ⑤ 2

주어진 식을 인수분해한 후 문자에 수를 대입하여 계산한다.

01 이차방정식의 뜻과 해

(1) x에 대한 이차방정식

등식의 모든 항을 좌변으로 이항하여 정리하였을 때,

($❶$ _____)$=0$

꼴로 나타나는 방정식

(2) 이차방정식의 일반형

$ax^2+bx+c=0$ (단, a, b, c는 상수, $a\neq$ $❷$ _____)

다음 식이 이차방정식인 것은 ○표, 이차방정식이 아닌 것은 ×표를 ( ) 안에 써넣으시오.

1 $3x^2=0$ (   )

2 $x^2-2x=0$ (   )

3 $8-3x^2$ (   )

4 $x^2=4x-1$ (   )

5 $2x(x+1)=4+2x^2$ (   )

6 $(x+1)(x-1)=4$ (   )

7 $2x^2-1=(x+2)^2$ (   )

8 $x(x-3)=5-x^2$ (   )

9 $4x^2-3=3(x+1)(x-2)$ (   )

10 $(x-1)(3x+2)=3x^2+5$ (   )

다음 등식이 x에 대한 이차방정식일 때, a의 값이 될 수 없는 수를 구하시오.

11 $ax^2-2x-3=0$

12 $(a-1)x^2+3x-1=0$

13 $x^2-5x+6=4-ax^2$

14 $3x^2+x=ax^2-1$

15 $ax^2+5x-1=3x-2x^2$

16 $\dfrac{1}{2}ax^2-x=x^2+1$

17 $(1-ax)(x+2)=x^2$

18 $ax(x-4)=1-x^2$

19 $2x^2+3x=4x(ax-1)$

20 $(ax-1)(2x+3)=x^2+2x-3$

이차방정식의 해 (근)

(1) 이차방정식의 해(근)

이차방정식을 ❸ 이 되게 하는 x의 값

(2) 이차방정식을 푼다

이차방정식의 ❹ 를 모두 구하는 것

▶ 다음 [ ] 안의 수가 주어진 이차방정식의 해이면 ○표, 해가 아니면 ×표를 ( ) 안에 써넣으시오.

21 $x^2-9=0$ $[-9]$ ( )

22 $x^2=25$ $[5]$ ( )

23 $x^2-x-6=0$ $[2]$ ( )

24 $2x^2-3x-2=0$ $\left[-\dfrac{1}{2}\right]$ ( )

25 $(2x-1)(x-3)=7$ $[-2]$ ( )

▶ x의 값이 1, 2, 3, 4, 5일 때, 다음 이차방정식을 푸시오.

26 $x^2-5x+4=0$

x의 값	좌변의 값	우변의 값	참, 거짓
1	$1^2-5\times1+4=0$	0	참
2		0	
3		0	
4		0	
5		0	

27 $x^2+2x-3=0$

28 $x^2-3x-10=0$

29 $x^2-5x+6=0$

30 $x^2-x-12=0$

▶ 다음 [ ] 안의 수가 주어진 이차방정식의 해일 때, 상수 a의 값을 구하시오.

31 $x^2-a=0$ $[-2]$

32 $x^2-3x+a=0$ $[4]$

33 $ax^2+6x-2=0$ $[-1]$

34 $3x^2-ax-4=0$ $\left[\dfrac{1}{3}\right]$

35 $2x^2+(a-2)x+4=0$ $[1]$

36 $(a-1)x^2+2ax-8=0$ $[-3]$

개념 ❶ 이차방정식

1 다음 중에서 x에 대한 이차방정식인 것은?

① $x^2-3x=x(x+4)$ 　　② $(x+1)(x-4)=x^2-5$

③ $x(2x-1)=x^2-3$ 　　④ $x^2+4x-3=(x+3)(x-1)$

⑤ $(2x+1)^2=4x^2+2$

> 등식의 모든 항을 좌변으로 이항하여 정리하였을 때
> $(x$에 대한 이차식$)=0$
> 꼴로 나타나는 것을 찾는다.

개념 ❶ 이차방정식

2 등식 $3x^2-2=a(x+2)(x-1)$이 x에 대한 이차방정식일 때, 상수 a의 조건을 구하시오.

> $ax^2+bx+c=0$ $(a, b, c$는 상수$)$
> 이 x에 대한 이차방정식이 되려면
> $a\neq0$이어야 한다.

개념 ❷ 이차방정식의 해(근)

3 다음 중에서 [ ] 안의 수가 주어진 이차방정식의 해인 것을 모두 고르면? (정답 2개)

① $3x^2-x-2=0$ $[-1]$ 　　② $4x^2-1=0$ $\left[\dfrac{1}{2}\right]$

③ $x^2-5x-6=0$ $[1]$ 　　④ $(x+3)(x-3)=4$ $[-3]$

⑤ $x^2+7x+10=0$ $[-5]$

> $x=a$가 주어진 이차방정식의 해이면 $x=a$를 이차방정식에 대입하였을 때 등식이 성립한다.

개념 ❷ 이차방정식의 해(근)

4 x에 대한 이차방정식 $x^2+(a-2)x-2=0$의 한 근이 $x=2$일 때, 상수 a의 값은?

① 1 　　　　② 2 　　　　③ 3

④ 4 　　　　⑤ 5

기출 5

개념 ❷ 이차방정식의 해(근)

다음 두 이차방정식의 공통인 해가 $x=-3$일 때, 상수 a, b에 대하여 $a-3b$의 값을 구하시오.

$$x^2+ax-3=0, \qquad bx^2-6x+12=0$$

> $x=-3$은 주어진 두 이차방정식을 모두 참이 되게 하는 x의 값이다.

6 개념 ① 이차방정식

다음 보기에서 이차방정식이 <u>아닌</u> 것을 모두 고르시오.

보기
ㄱ. $3x = -x^2$ ㄴ. $(x-2)^2 = 4 + x^2$
ㄷ. $(2x+1)(x-1) = x^2 + 3$ ㄹ. $3x^2 - 7 = (x-1)(3x+2)$

등식의 모든 항을 좌변으로 이항하여 정리하였을 때
$(x$에 대한 이차식$) = 0$
꼴로 나타나지 않는 것을 찾는다.

7 개념 ① 이차방정식

다음 중 등식 $-2x(ax+1) = 2x^2 - 3$이 x에 대한 이차방정식이 되도록 하는 상수 a의 값으로 적당하지 <u>않은</u> 것은?

① -2 ② -1 ③ 0
④ 1 ⑤ 2

$ax^2 + bx + c = 0$ (a, b, c는 상수)
이 x에 대한 이차방정식이 되려면 $a \neq 0$이어야 한다.

8 개념 ② 이차방정식의 해(근)

다음 중에서 [　] 안의 수가 주어진 이차방정식의 해인 것을 모두 고르면? (정답 2개)

① $x^2 + 2x + 1 = 0$ $[-1]$ ② $x^2 + 2x - 3 = 0$ $[3]$
③ $x^2 - 6x - 16 = 0$ $[2]$ ④ $6x^2 - 5x - 6 = 0$ $\left[\dfrac{3}{2}\right]$
⑤ $10x^2 + 3x - 1 = 0$ $[-2]$

$x = a$가 주어진 이차방정식의 해이면 $x = a$를 이차방정식에 대입하였을 때 등식이 성립한다.

9 개념 ② 이차방정식의 해(근)

x에 대한 이차방정식 $ax^2 - 3x + 2 = 0$의 한 근이 $x = 2$일 때, 상수 a의 값을 구하시오.

10 개념 ② 이차방정식의 해(근)

기출

x에 대한 두 이차방정식 $3x^2 - 4x + a = 0$, $x^2 - bx - 6 = 0$의 공통인 해가 $x = 1$일 때, 상수 a, b에 대하여 $a - b$의 값은?

① 3 ② 4 ③ 5
④ 6 ⑤ 7

$x = 1$은 주어진 두 이차방정식을 모두 참이 되게 하는 x의 값이다.

$AB=0$의 성질

두 수 또는 두 식 A, B에 대하여
$AB=0$이면 ❶ [　　　　] 또는 $B=0$

다음 이차방정식을 푸시오.

1 $(x+6)(x-1)=0$

2 $x(x-3)=0$

3 $(x+2)(x-2)=0$

4 $(2x+1)(x-5)=0$

5 $\dfrac{1}{3}(x+1)(x-5)=0$

6 $(5x+2)(3x-1)=0$

7 $(2x+5)(x-4)=0$

8 $(4x-3)(x-6)=0$

9 $(5x+2)(3x-1)=0$

10 $(x+7)(3x-1)=0$

11 $(-x+2)(3x+2)=0$

인수분해를 이용한 이차방정식의 풀이

① 이차방정식을 $ax^2+bx+c=0$ 꼴로 정리한다.
② 좌변을 인수분해한다.
③ ❷ [　　　　]의 성질을 이용하여 해를 구한다.

다음 이차방정식을 인수분해를 이용하여 푸시오.

12 $x^2+5x=0$

13 $x^2-x-2=0$

14 $x^2-16=0$

15 $x^2+2x-3=0$

16 $x^2+12x+35=0$

17 $2x^2-5x-12=0$

18 $3x^2-x-4=0$

19 $15x^2+x-6=0$

20 $x^2=6x$

21 $x(x-2)=8$

22 $(x+4)(x-2)=7$

23 $(x+1)^2=3x+13$

24 $2x(5-x)=2x^2-3x+3$

25 $(x+3)(5x-2)=-12$

이차방정식의 중근

(1) **중근**: 이차방정식의 두 해가 중복일 때, 이 해를 주어진 이차방정식의 중근이라 한다.

(2) **이차방정식이 중근을 가질 조건**

① 이차방정식이 (❸ $\boxed{}$)=0 꼴로 나타내어지면 이 이차방정식은 중근을 갖는다.

② x^2의 계수가 1인 이차방정식 $x^2+ax+b=0$이 중근을 가질 조건

➡ $b=\left(\boxed{❹}\right)^2$

다음 이차방정식을 푸시오.

26 $(x+1)^2=0$

27 $(3x-2)^2=0$

28 $4(x+3)^2=0$

29 $x^2-4x+4=0$

30 $x^2-16x+64=0$

31 $4x^2-12x+9=0$

32 $2x^2-12x+18=0$

33 $12x^2=12x-3$

34 $4x(x+8)=-64$

다음 이차방정식이 중근을 가질 때, $\square$ 안에 알맞은 양수를 써넣으시오.

35 $x^2-8x+\square=0$

36 $x^2+14x+\square=0$

37 $x^2-5x+\square=0$

38 $x^2+\square x+16=0$

39 $x^2-\square x+25=0$

1 개념 ③ $AB=0$의 성질

다음 이차방정식 중에서 해가 $x=-2$ 또는 $x=\dfrac{2}{3}$인 것은?

① $(x+2)(3x+2)=0$ ② $(x+2)(3x-2)=0$ ③ $2(x+2)(x-2)=0$

④ $(x-2)(3x+2)=0$ ⑤ $(x-2)(3x-2)=0$

$AB=0$의 성질을 이용하여 해를 구한다.

2 개념 ④ 인수분해를 이용한 이차방정식의 풀이

다음 두 이차방정식의 공통인 근은?

$$x^2-49=0, \qquad 2x^2-11x-21=0$$

① $x=-7$ ② $x=-3$ ③ $x=3$

④ $x=7$ ⑤ $x=11$

인수분해를 이용하여 두 이차방정식을 모두 만족시키는 x의 값을 구한다.

3 개념 ④ 인수분해를 이용한 이차방정식의 풀이

x에 대한 이차방정식 $2x^2+ax-3=0$의 한 근이 $x=-3$일 때, 다음을 구하시오.

(1) 상수 a의 값   (2) 다른 한 근

먼저 주어진 한 근을 이차방정식에 대입하여 미지수의 값을 구한다.

4 개념 ⑤ 이차방정식의 중근

다음 중 중근을 갖는 이차방정식은?

① $x^2-8x=9$ ② $x^2+100=20x$ ③ $x^2-14x-15=0$

④ $(x+1)^2=4$ ⑤ $25x^2-5x-2=0$

(완전제곱식)=0 꼴의 이차방정식을 찾는다.

5 개념 ⑤ 이차방정식의 중근

이차방정식 $x^2-16x=3a-10$이 중근 $x=b$를 가질 때, $a+b$의 값은? (단, a는 상수)

① -20 ② -10 ③ 0

④ 10 ⑤ 20

이차방정식 $x^2+ax+b=0$이 중근을 가질 조건
$\rightarrow b=\left(\dfrac{a}{2}\right)^2$

6 개념 **3** $AB=0$의 성질

이차방정식 $(4x+1)(x-3)=0$을 풀면?

① $x=-\dfrac{1}{4}$ 또는 $x=-3$　　　② $x=-\dfrac{1}{4}$ 또는 $x=3$

③ $x=\dfrac{1}{4}$ 또는 $x=-3$　　　④ $x=\dfrac{1}{4}$ 또는 $x=3$

⑤ $x=-\dfrac{3}{4}$ 또는 $x=-1$

> $AB=0$이면
> $A=0$ 또는 $B=0$

기출 **7** 개념 **4** 인수분해를 이용한 이차방정식의 풀이

두 이차방정식 $2x^2+5x-3=0$, $2x^2+3x-9=0$을 동시에 만족시키는 x의 값을 구하시오.

> 인수분해를 이용하여 두 이차방정식을 모두 만족시키는 x의 값을 구한다.

8 개념 **4** 인수분해를 이용한 이차방정식의 풀이

이차방정식 $x^2-4=0$의 두 근 중 음수인 근이 이차방정식 $2x^2-ax+a-2=0$의 한 근일 때, 상수 a의 값은?

① -1　　　　② -2　　　　③ -3

④ -4　　　　⑤ -5

> 먼저 이차방정식 $x^2-4=0$을 풀어 음수인 근을 구한다.

9 개념 **5** 이차방정식의 중근

다음 보기 에서 중근을 갖지 <u>않는</u> 이차방정식을 모두 고르시오.

> 보기
> ㄱ. $(2x-1)^2=0$　　　　　ㄴ. $x^2-6x=7$
> ㄷ. $x^2-x+\dfrac{1}{4}=0$　　　ㄹ. $4x^2-4x=0$

> (완전제곱식)$=0$ 꼴이 아닌 이차방정식을 찾는다.

10 개념 **5** 이차방정식의 중근

이차방정식 $10x-x^2=4a+5$가 중근 $x=b$를 가질 때, $a+b$의 값을 구하시오. (단, a는 상수)

> 이차방정식 $x^2+ax+b=0$이 중근을 가질 조건
> ➡ $b=\left(\dfrac{a}{2}\right)^2$

03 완전제곱식을 이용한 이차방정식의 풀이

제곱근을 이용한 이차방정식의 풀이

(1) 이차방정식 $x^2=q\,(q\,❶\boxed{}\,0)$의 해
  ➡ $x=\pm\sqrt{q}$

(2) 이차방정식 $(x-p)^2=q\,(q\geq0)$의 해
  ➡ $x-p=\pm\sqrt{❷\boxed{}}$
  ➡ $x=❸\boxed{}$

(3) 이차방정식 $(x-p)^2=q$가 해를 가질 조건
  ➡ $q\geq0$

🏷 다음 이차방정식을 제곱근을 이용하여 푸시오.

1 $x^2=3$

2 $x^2=11$

3 $x^2-10=0$

4 $2x^2=40$

5 $3x^2=48$

6 $4x^2-5=23$

7 $(x-1)^2=3$

8 $(x-3)^2=8$

9 $(x+2)^2=18$

10 $(x-5)^2-28=0$

11 $2(x+3)^2=36$

12 $5(x-1)^2=55$

13 $-3(x+4)^2+48=0$

14 $6(x-2)^2-18=0$

15 $(2x-1)^2=5$

16 $(3x+2)^2-6=0$

🏷 다음 x에 대한 이차방정식이 해를 가질 조건을 구하시오.

17 $x^2=a-2$

18 $(x-1)^2=2a+1$

19 $2(x-3)^2=1-a$

20 $ax^2=-4$

완전제곱식을 이용한 이차방정식의 풀이

이차방정식 $ax^2+bx+c=0$에서

① x^2의 계수로 양변을 나눈다.

② 상수항을 우변으로 이항한다.

③ 양변에 $\left\{\dfrac{(x의\ 계수)}{2}\right\}^2$을 더하여 좌변을

❹ [   ]으로 만든다.

④ 제곱근을 이용하여 이차방정식의 해를 구한다.

▶ 다음 이차방정식을 $(x+p)^2=q$ 꼴로 고치시오.

21 $x^2-4x-5=0$

$x^2-4x=5$
$x^2-4x+\square=5+\square$
따라서 $(x-\square)^2=\square$

22 $x^2+12x+5=0$

23 $x^2-5x-3=0$

24 $2x^2+6x-1=0$

25 $3x^2-18x+4=0$

26 $-2x^2-8x+5=0$

27 $6x^2-4x-1=0$

28 $-3x^2+4x+2=0$

▶ 다음 이차방정식을 완전제곱식을 이용하여 푸시오.

29 $x^2-8x+4=0$

30 $x^2+5x-\dfrac{1}{4}=0$

31 $x^2-16x-5=0$

32 $x^2+3x-5=0$

33 $2x^2+6x-9=0$

34 $4x^2-12x+5=0$

35 $-2x^2+10x+3=0$

36 $4x^2-8x-3=0$

37 $2x^2=3-2x$

38 $4x^2-x=9$

39 $5x^2=10x+2$

40 $3x^2-3=x$

1 개념 **6** 제곱근을 이용한 이차방정식의 풀이

다음 이차방정식을 제곱근을 이용하여 푸시오.

(1) $4x^2=49$

(2) $5x^2-30=0$

(3) $(4-3x)^2=4$

(4) $2(x+2)^2-10=0$

> $x^2=q\ (q\geq0)$의 해
> $\Rightarrow x=\pm\sqrt{q}$
> $(x-p)^2=q\ (q\geq0)$의 해
> $\Rightarrow x=p\pm\sqrt{q}$

2 개념 **6** 제곱근을 이용한 이차방정식의 풀이

다음 이차방정식 중에서 해가 $x=2\pm3\sqrt{2}$인 것은?

① $(x-2)^2=12$

② $(x+2)^2=12$

③ $(x-2)^2=15$

④ $(x-2)^2=18$

⑤ $(x+2)^2=18$

기출 **3** 개념 **6** 제곱근을 이용한 이차방정식의 풀이

다음 중에서 이차방정식 $(2x-1)^2=4-2a$가 근을 갖도록 하는 상수 a의 값으로 옳지 <u>않은</u> 것은?

① -1

② 0

③ 1

④ 2

⑤ 3

> 이차방정식 $(x-p)^2=q$가 근을 가질 조건
> $\Rightarrow q\geq0$

4 개념 **7** 완전제곱식을 이용한 이차방정식의 풀이

오른쪽은 완전제곱식을 이용하여 이차방정식 $2x^2-6x-5=0$의 해를 구하는 과정이다. 다음 중 옳지 <u>않은</u> 것은?

① $a=\dfrac{5}{2}$

② $b=\dfrac{9}{4}$

③ $c=\dfrac{3}{2}$

④ $d=\dfrac{19}{4}$

⑤ $e=\dfrac{3\pm\sqrt{19}}{2}$

$2x^2-6x-5=0$에서

$x^2-3x-\dfrac{5}{2}=0,\ x^2-3x=a$

$x^2-3x+b=\dfrac{5}{2}+b$

$(x+c)^2=d,\ x+c=\pm\sqrt{d}$

따라서 $x=e$

> 이차방정식 $ax^2+bx+c=0$을 $(x+p)^2=q$ 꼴로 변형하여 푼다.

5 개념 **7** 완전제곱식을 이용한 이차방정식의 풀이

다음 이차방정식을 완전제곱식을 이용하여 푸시오.

(1) $x^2-5x+2=0$

(2) $x^2-4x-\dfrac{1}{2}=0$

(3) $3x^2-10x-3=0$

(4) $4x^2+16x-3=0$

6 개념 **6** 제곱근을 이용한 이차방정식의 풀이

이차방정식 $(x-5)^2=7$의 해가 $x=a\pm\sqrt{b}$일 때, $a+b$의 값은? (단, a, b는 유리수)

① 10 ② 11 ③ 12
④ 13 ⑤ 14

$(x-p)^2=q\ (q\geq0)$의 해
➡ $x=p\pm\sqrt{q}$

기출 **7** 개념 **6** 제곱근을 이용한 이차방정식의 풀이

이차방정식 $(x+3)^2=12$의 근 중 작은 근을 α라 하고, 이차방정식 $3(x-2)^2-36=0$의 근 중 큰 근을 β라 할 때, $\alpha+\beta$의 값을 구하시오.

---

8 개념 **6** 제곱근을 이용한 이차방정식의 풀이

이차방정식 $(x+5)^2=a-5$가 근을 갖지 않을 때, 다음 중 상수 a의 값으로 알맞은 것은?

① 4 ② 5 ③ 6
④ 7 ⑤ 8

이차방정식 $(x-p)^2=q$가 근을 갖지 않으면 $q<0$

---

9 개념 **7** 완전제곱식을 이용한 이차방정식의 풀이

다음은 이차방정식 $3x^2-12x-4=0$을 $(x+p)^2=q$ 꼴로 고치는 과정이다. □ 안에 알맞은 모든 수의 합을 구하시오.

$$3x^2-12x-4=0 \Rightarrow x^2-4x-\boxed{}=0 \Rightarrow x^2-4x=\boxed{}$$

$$\Rightarrow x^2-4x+\boxed{}=\frac{4}{3}+\boxed{} \Rightarrow (x-\boxed{})^2=\boxed{}$$

$ax^2+bx+c=0\ (a\neq0)$
➡ 양변을 a로 나눈다.
➡ 상수항을 우변으로 이항한다.
➡ 양변에 $\left\{\dfrac{(x\text{의 계수})}{2}\right\}^2$을 더한다.
➡ 좌변을 완전제곱식으로 고친다.

---

10 개념 **7** 완전제곱식을 이용한 이차방정식의 풀이

이차방정식 $\dfrac{1}{3}x^2-2x-3=0$의 해가 $x=a\pm3\sqrt{b}$일 때, 유리수 a, b의 값을 각각 구하시오.

이차방정식 $ax^2+bx+c=0$을 $(x+p)^2=q$ 꼴로 변형하여 푼다.

04 이차방정식의 근의 공식

이차방정식의 근의 공식

(1) 이차방정식 $ax^2+bx+c=0$의 근

$$\Rightarrow x=\frac{-b\pm\sqrt{b^2-4ac}}{2a} \quad (\text{단, } \boxed{❶} \geq 0)$$

(2) 이차방정식 $ax^2+2b'x+c=0$의 근

$$\Rightarrow x=\frac{-b'\pm\sqrt{\boxed{❷}}}{a} \quad (\text{단, } b'^2-ac\geq 0)$$

▶ 다음 이차방정식을 근의 공식을 이용하여 푸시오.

1 $x^2-5x+1=0$

$a=1$, $b=-5$, $c=1$이므로

$$x=\frac{-(\boxed{})\pm\sqrt{(\boxed{})^2-4\times 1\times\boxed{}}}{2\times 1}$$

$$=\frac{\boxed{}\pm\sqrt{21}}{2}$$

2 $x^2-3x-1=0$

3 $2x^2+5x-2=0$

4 $3x^2+7x+3=0$

5 $3x^2-11x+2=0$

6 $4x^2-x-1=0$

7 $2x^2=3x+3$

8 $x^2-9x=9$

9 $2x^2=4-3x$

10 $7x-2=4x^2$

11 $10x^2-3x=1$

12 $x^2-4x-3=0$

$a=1$, $b'=-2$, $c=-3$이므로

$$x=\frac{-(\boxed{})\pm\sqrt{(\boxed{})^2-1\times(\boxed{})}}{1}$$

$$=\boxed{}\pm\sqrt{7}$$

13 $x^2-6x+3=0$

14 $2x^2-4x=3$

15 $3x^2+4x=2$

16 $4x^2-4x-1=0$

17 $2x^2+8x-1=0$

18 $5x^2+6x-1=0$

19 $3x^2=1-6x$

여러 가지 이차방정식의 풀이

다음의 각 경우에 이차방정식을 $ax^2+bx+c=0$ 꼴로 정리한 후 인수분해 공식 또는 근의 공식을 이용하여 푼다.

(1) 괄호가 있는 경우: 곱셈 공식이나 ❸ [   ] 을 이용하여 괄호를 푼다.

(2) 계수가 소수인 경우: 양변에 ❹ [   ] 의 거듭제곱을 곱하여 계수를 정수로 고친다.

(3) 계수가 분수인 경우: 양변에 분모의 ❺ [   ] 를 곱하여 계수를 정수로 고친다.

(4) 공통부분이 있는 경우: 공통부분을 한 문자로 놓는다.

▶ 다음 이차방정식을 푸시오

20 $(x+1)(x-5)=-6x-2$

$$[\qquad]=-6x-2$$
$$[\qquad]=0$$
$$(x+[\ ])(x-[\ ])=0$$
따라서 $x=[\ ]$ 또는 $x=[\ ]$

21 $(x-2)^2=8-x$

22 $(3x-1)(x-3)=2x^2-1$

23 $(x+3)(x-4)=-8$

24 $0.2x^2+0.5x-0.1=0$

양변에 [   ]을 곱하면 $[\qquad]=0$

따라서 $x=[\qquad]$

25 $0.5x^2=1.2x+2$

26 $0.2x(x+1)=0.5x+0.1$

27 $0.3x^2=x+0.7$

28 $\dfrac{1}{2}x^2-\dfrac{2}{3}x+\dfrac{1}{6}=0$

양변에 분모의 최소공배수 [   ]을 곱하면
$$[\qquad]=0$$
$$([\ ]x-1)(x-[\ ])=0$$
따라서 $x=[\ ]$ 또는 $x=[\ ]$

29 $\dfrac{1}{3}x^2+x-1=0$

30 $\dfrac{1}{4}x^2-\dfrac{5}{12}x=\dfrac{1}{6}$

31 $\dfrac{1}{3}x^2=1-\dfrac{x}{4}$

32 $(x+3)^2-2(x+3)-15=0$

$[\qquad]=A$ 로 놓으면
$$[\qquad]=0,\ (A+[\ ])(A-[\ ])=0$$
즉, $A=[\ ]$ 또는 $A=[\ ]$ 이므로
$x+3=[\ ]$ 또는 $x+3=[\ ]$
따라서 $x=[\ ]$ 또는 $x=[\ ]$

33 $4(x-2)^2-8(x-2)-5=0$

34 $2(2x-1)^2-7(2x-1)+3=0$

개념 8 이차방정식의 근의 공식

1 다음 이차방정식을 근의 공식을 이용하여 푸시오.

(1) $x^2 + 7x + 2 = 0$

(2) $3x^2 - 6x = 5$

(3) $2x(x-5) = 5$

(4) $4 - 3x^2 = 11x$

(5) $4x^2 - 4x = 1$

(6) $4x^2 - 6x - 3 = 0$

① 이차방정식 $ax^2 + bx + c = 0$의 근은

$$x = \frac{-b \pm \sqrt{b^2 - 4ac}}{2a}$$

(단, $b^2 - 4ac \geq 0$)

② 이차방정식 $ax^2 + 2b'x + c = 0$의 근은

$$x = \frac{-b' \pm \sqrt{b'^2 - ac}}{a}$$

(단, $b'^2 - ac \geq 0$)

개념 8 이차방정식의 근의 공식

2 이차방정식 $2x^2 - x - a + 3 = 0$의 해가 $x = \dfrac{1 \pm \sqrt{17}}{4}$일 때, 유리수 a의 값은?

① 3　　　　　② 4　　　　　③ 5

④ 6　　　　　⑤ 7

개념 9 여러 가지 이차방정식의 풀이

3 이차방정식 $0.2x^2 = 0.3 - 0.5x$의 해는?

① $x = -3$ 또는 $x = -\dfrac{1}{2}$

② $x = -3$ 또는 $x = \dfrac{1}{2}$

③ $x = 3$ 또는 $x = -\dfrac{1}{2}$

④ $x = 2$ 또는 $x = \dfrac{1}{2}$

⑤ $x = \dfrac{-5 \pm \sqrt{23}}{4}$

양변에 10의 거듭제곱을 곱하여 계수를 정수로 고친다.

개념 9 여러 가지 이차방정식의 풀이

4 다음 이차방정식을 푸시오.

(1) $\dfrac{5}{6}x^2 = \dfrac{4}{3} - \dfrac{3}{2}x$

(2) $\left(x + \dfrac{1}{4}\right)(x-1) = \dfrac{1-x}{3}$

양변에 분모의 최소공배수를 곱하여 계수를 정수로 고친다.

기출 **5** 개념 9 여러 가지 이차방정식의 풀이

다음 이차방정식을 푸시오.

(1) $(3x-1)^2 - 6(3x-1) + 5 = 0$

(2) $3(x+1)^2 - 4(x+1) - 4 = 0$

❶ 공통부분을 A로 놓고 A에 대한 이차방정식을 푼다.
❷ A에 원래의 식을 대입하여 x의 값을 구한다.

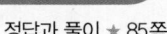
개념 ⑧ 이차방정식의 근의 공식

6 이차방정식 $x^2+3x-2=0$의 근이 $x=\dfrac{A\pm\sqrt{B}}{2}$일 때, $A+B$의 값을 구하시오.

(단, A, B는 유리수)

이차방정식 $ax^2+bx+c=0$의 근은
$$x=\frac{-b\pm\sqrt{b^2-4ac}}{2a}$$
(단, $b^2-4ac\geq0$)

개념 ⑧ 이차방정식의 근의 공식

7 이차방정식 $3x^2+2x+a=0$의 근이 $x=\dfrac{b\pm\sqrt{37}}{3}$일 때, ab의 값은? (단, a, b는 유리수)

① 11   ② 12   ③ 13

④ 14   ⑤ 15

이차방정식 $ax^2+2b'x+c=0$의 근은
$$x=\frac{-b'\pm\sqrt{b'^2-ac}}{a}$$
(단, $b'^2-ac\geq0$)

개념 ⑨ 여러 가지 이차방정식의 풀이

8 다음 이차방정식을 푸시오.

(1) $0.2x^2=0.5x-0.2$ (2) $0.1x^2-0.1x=0.4$

양변에 10의 거듭제곱을 곱하여 계수를 정수로 고친다.

개념 ⑨ 여러 가지 이차방정식의 풀이

9 이차방정식 $\dfrac{x(2x+3)}{5}=1$을 풀면?

① $x=-\dfrac{5}{2}$ 또는 $x=-1$ ② $x=-2$ 또는 $x=\dfrac{1}{5}$

③ $x=-\dfrac{5}{2}$ 또는 $x=1$ ④ $x=2$ 또는 $x=-\dfrac{1}{5}$

⑤ $x=1$ 또는 $x=\dfrac{5}{2}$

양변에 분모의 최소공배수를 곱하여 계수를 정수로 고친다.

개념 ⑨ 여러 가지 이차방정식의 풀이

 **10** 이차방정식 $2\left(x-\dfrac{1}{2}\right)^2-9\left(x-\dfrac{1}{2}\right)-5=0$의 두 근을 α, β라 할 때, $2(\alpha+\beta)$의 값은?

① 8   ② 9   ③ 10

④ 11   ⑤ 12

❶ 공통부분을 A로 놓고 A에 대한 이차방정식을 푼다.
❷ A에 원래의 식을 대입하여 x의 값을 구한다.

05 이차방정식의 성질

이차방정식의 근의 개수

이차방정식 $ax^2+bx+c=0$의 근의 개수는 근의 공식
$x=\dfrac{-b\pm\sqrt{b^2-4ac}}{2a}$에서 b^2-4ac의 부호에 따라 다음
과 같다.

① b^2-4ac ❶ ☐ 0 ➡ 근이 2개
② b^2-4ac ❷ ☐ 0 ➡ 근이 1개
③ b^2-4ac ❸ ☐ 0 ➡ 근이 0개

다음 이차방정식의 근의 개수를 구하시오.

1 $x^2-x-3=0$

> $a=1$, $b=$ ☐ , $c=-3$이므로
> $b^2-4ac=$ ☐ >0
> 따라서 근의 개수는 ☐ 이다.

2 $x^2-3x+1=0$

3 $4x^2-4x+1=0$

4 $2x^2-5x+3=0$

5 $2x^2-3x+4=0$

6 $4x^2+12x+9=0$

7 $x^2-5x+5=0$

8 $3x^2-4x+7=0$

다음 x에 대한 이차방정식이 [ ] 안의 근을 가질 때, 상수 k
의 값 또는 k의 값의 범위를 구하시오.

9 $x^2+5x-k=0$ [서로 다른 두 근]

10 $x^2-3x-2k=0$ [중근]

11 $3x^2-3x+2-k=0$ [근이 없다.]

12 $x^2-6x-k-1=0$ [중근]

13 $2x^2+4x+k-3=0$ [서로 다른 두 근]

다음 x에 대한 이차방정식이 해를 갖기 위한 상수 k의 값의
범위를 구하시오.

14 $x^2-3x-k=0$

15 $2x^2-x+2-k=0$

16 $5x^2-2x+2k-1=0$

17 $4x^2-3x+k=0$

18 $3x^2-2x+2k-1=0$

이차방정식 구하기

(1) 두 근이 α, β이고 x^2의 계수가 a인 이차방정식

➡ **❹** $\boxed{}$ $(x-\alpha)(x-\beta)=0$

(2) 중근이 α이고 x^2의 계수가 a인 이차방정식

➡ $a(x-$ **❺** $\boxed{})^2=0$

◾ 다음 이차방정식을 $ax^2+bx+c=0$ 꼴로 나타내시오.

19 두 근이 -2, 5이고 x^2의 계수가 1인 이차방정식

$$(x+\boxed{})(x-\boxed{})=0$$이므로
$$x^2-\boxed{}x-\boxed{}=0$$

20 두 근이 -4, -1이고 x^2의 계수가 2인 이차방정식

21 두 근이 2, 4이고 x^2의 계수가 -1인 이차방정식

22 두 근이 -2, 3이고 x^2의 계수가 3인 이차방정식

23 두 근이 $\frac{1}{3}$, $-\frac{1}{2}$이고 x^2의 계수가 6인 이차방정식

24 중근이 -1이고 x^2의 계수가 1인 이차방정식

$$(x+\boxed{})^2=0$$이므로 $x^2+\boxed{}x+\boxed{}=0$

25 중근이 $\frac{1}{2}$이고 x^2의 계수가 -2인 이차방정식

26 중근이 4이고 x^2의 계수가 3인 이차방정식

◾ 이차방정식 $6x^2+ax+b=0$의 근이 다음과 같을 때, 상수 a, b의 값을 각각 구하시오.

27 두 근 -2, 1을 갖는다.

28 두 근 $-\frac{1}{2}$, $-\frac{1}{3}$을 갖는다.

29 두 근 1, $\frac{1}{6}$을 갖는다.

30 중근 -3을 갖는다.

31 중근 $\frac{1}{6}$을 갖는다.

◾ 이차방정식 $4x^2+ax+b=0$의 근이 다음과 같을 때, 상수 a, b의 값을 각각 구하시오.

32 두 근 -3, -1을 갖는다.

33 두 근 $-\frac{1}{4}$, 1을 갖는다.

34 두 근 2, $\frac{1}{2}$을 갖는다.

35 중근 $-\frac{1}{2}$을 갖는다.

36 중근 1을 갖는다.

개념 ⑩ 이차방정식의 근의 개수

1 다음 이차방정식 중에서 근이 <u>없는</u> 것을 모두 고르면? (정답 2개)

① $x^2-2x-2=0$　　② $2x^2-5x+3=0$　　③ $3x^2-2x+2=0$

④ $9x^2+6x+1=0$　　⑤ $4x^2-4x+3=0$

● 이차방정식 $ax^2+bx+c=0$의 근이 없으면
➡ $b^2-4ac<0$

개념 ⑩ 이차방정식의 근의 개수

2 다음 이차방정식의 근의 개수를 구하시오.

(1) $x^2-5x-3=0$　　　　　　(2) $2x^2-7x+7=0$

(3) $\dfrac{1}{9}x^2-\dfrac{2}{3}x+1=0$　　　　(4) $3x^2=4x+3$

● ❶ 계수에 분수나 소수가 있으면 먼저 계수를 정수로 고쳐 $ax^2+bx+c=0$ 꼴로 만든다.
❷ b^2-4ac의 값의 부호를 조사하여 근의 개수를 구한다.

기출 3 **개념 ⑩** 이차방정식의 근의 개수

다음 이차방정식 $4x^2-6x+3k-1=0$이 해를 갖기 위한 상수 k의 값의 범위는?

① $k\leq-\dfrac{13}{12}$　　　　② $k>-\dfrac{13}{12}$　　　　③ $k\leq-\dfrac{12}{13}$

④ $k\leq\dfrac{13}{12}$　　　　⑤ $k<-\dfrac{13}{12}$

● 이차방정식 $ax^2+bx+c=0$이 근을 가질 조건
➡ $b^2-4ac\geq0$

개념 ⑪ 이차방정식 구하기

4 다음 이차방정식을 $ax^2+bx+c=0$ 꼴로 나타내시오.

(1) 두 근이 $-\dfrac{1}{4}$, $\dfrac{1}{2}$이고 x^2의 계수가 8인 이차방정식

(2) 중근이 -1이고 x^2의 계수가 -2인 이차방정식

● ① 두 근이 α, β이고 x^2의 계수가 a인 이차방정식
➡ $a(x-\alpha)(x-\beta)=0$
② 중근이 α이고 x^2의 계수가 a인 이차방정식
➡ $a(x-\alpha)^2=0$

개념 ⑪ 이차방정식 구하기

5 이차방정식 $6x^2+ax+b=0$의 두 근이 $-\dfrac{2}{3}$, 1일 때, $a-b$의 값은? (단, a, b는 상수)

① -2　　　　② -1　　　　③ 0

④ 1　　　　⑤ 2

6 개념 **10** 이차방정식의 근의 개수

이차방정식 $x^2+(a-3)x+4=0$이 중근을 가질 때, 상수 a의 값을 모두 구하시오.

> 이차방정식 $ax^2+bx+c=0$이 중근을 가지면
> ➡ $b^2-4ac=0$

7 개념 **10** 이차방정식의 근의 개수

이차방정식 $2x^2-x-k+4=0$이 서로 다른 두 근을 가질 때, 가장 작은 정수 k의 값은?

① 1　　　　　② 2　　　　　③ 3
④ 4　　　　　⑤ 5

> 이차방정식 $ax^2+bx+c=0$이 서로 다른 두 근을 가지면
> ➡ $b^2-4ac>0$

8 개념 **10** 이차방정식의 근의 개수

이차방정식 $x^2-4x-2k+3=0$이 해를 갖지 않을 때, 상수 k의 값의 범위는?

① $k<-\dfrac{1}{2}$　　　　② $k>-\dfrac{1}{2}$　　　　③ $k<-1$
④ $k\leq-\dfrac{1}{2}$　　　　⑤ $k\geq-\dfrac{1}{2}$

> 이차방정식 $ax^2+bx+c=0$이 근이 없으면
> ➡ $b^2-4ac<0$

9 개념 **11** 이차방정식 구하기

다음 이차방정식을 $ax^2+bx+c=0$ 꼴로 나타내시오.

(1) 두 근이 -3, $-\dfrac{1}{3}$이고 x^2의 계수가 3인 이차방정식

(2) 중근이 $\dfrac{3}{2}$이고 x^2의 계수가 4인 이차방정식

> ① 두 근이 α, β이고 x^2의 계수가 a인 이차방정식
> ➡ $a(x-\alpha)(x-\beta)=0$
> ② 중근이 α이고 x^2의 계수가 a인 이차방정식
> ➡ $a(x-\alpha)^2=0$

10 개념 **11** 이차방정식 구하기

이차방정식 $4x^2+ax+b=0$의 두 근이 $-\dfrac{3}{4}$, $\dfrac{1}{2}$일 때, $a-2b$의 값은? (단, a, b는 상수)

① 1　　　　　② 2　　　　　③ 3
④ 4　　　　　⑤ 5

06 이차방정식의 활용

이차방정식을 활용한 문제 해결 과정

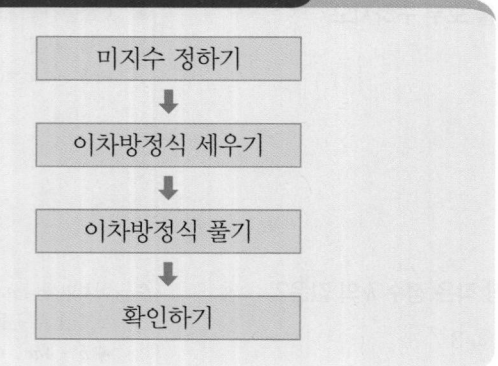

미지수 정하기

↓

이차방정식 세우기

↓

이차방정식 풀기

↓

확인하기

1 연속하는 두 자연수의 제곱의 합이 265일 때, 두 자연수를 구하려고 한다. 다음 물음에 답하시오.

(1) 연속하는 두 자연수 중에서 작은 수를 x라 할 때, 큰 수를 x에 대한 식으로 나타내시오.

(2) x에 대한 이차방정식을 세우시오.

(3) (2)의 방정식을 푸시오.

(4) 두 자연수를 구하시오.

2 어떤 자연수와 그 수의 제곱의 합이 72일 때, 어떤 자연수를 구하려고 한다. 다음 물음에 답하시오.

(1) 어떤 자연수를 x라 할 때, x에 대한 이차방정식을 세우시오.

(2) (1)의 방정식을 푸시오.

(3) 어떤 자연수를 구하시오.

3 오른쪽 그림과 같이 가로, 세로의 길이가 각각 15 m, 10 m인 직사각형 모양의 땅에 폭이 일정한 도로를 만들었다. 도로를 제외한 나머지 부분의 넓이가 104 m²가 되었을 때, 도로의 폭을 구하려고 한다. 다음 물음에 답하시오.

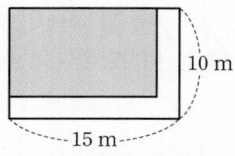

(1) 도로의 폭을 x m라 할 때, 도로를 제외한 나머지 부분의 가로, 세로의 길이를 각각 x에 대한 식으로 나타내시오.

(2) x에 대한 이차방정식을 세우시오.

(3) (2)의 방정식을 푸시오.

(4) 도로의 폭을 구하시오.

4 오른쪽 그림과 같이 어떤 원의 반지름의 길이를 3 cm만큼 늘였더니 전체 원의 넓이가 36π cm²가 되었다. 처음 원의 반지름의 길이를 구하려고 할 때, 다음 물음에 답하시오.

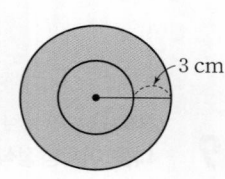

(1) 처음 원의 반지름의 길이를 x cm라 할 때, 나중에 그려진 원의 반지름의 길이를 x에 대한 식으로 나타내시오.

(2) x에 대한 이차방정식을 세우시오.

(3) (2)의 방정식을 푸시오.

(4) 처음 원의 반지름의 길이를 구하시오.

5 영미와 삼촌의 나이 차이는 10살이고, 삼촌의 나이의 제곱은 영미의 나이의 제곱에 3배를 한 것보다 52살이 많다. 영미의 나이를 구하려고 할 때, 다음 물음에 답하시오.

(1) 영미의 나이를 x살이라 할 때, 삼촌의 나이를 x에 대한 식으로 나타내시오.

(2) x에 대한 이차방정식을 세우시오.

(3) (2)의 방정식을 푸시오.

(4) 영미의 나이를 구하시오.

6 막대사탕 160개를 남김없이 모든 학생에게 나누어 주면 한 학생이 받는 막대사탕의 개수는 학생 수보다 6만큼 적다고 한다. 학생 수를 구하려고 할 때, 다음 물음에 답하시오.

(1) 학생 수를 x라 할 때, 한 학생이 받는 막대사탕의 개수를 x에 대한 식으로 나타내시오.

(2) x에 대한 이차방정식을 세우시오.

(3) (2)의 방정식을 푸시오.

(4) 학생 수를 구하시오.

7 오른쪽은 어느 해의 4월 달력이다. 이 달력에서 위, 아래로 이웃한 두 수를 곱하였더니 260이 되었다. 위, 아래로 이웃한 두 수를 구하려고 할 때, 다음 물음에 답하시오.

4월						
일	월	화	수	목	금	토
				1	2	3
4	5	6	7	8	9	10
11	12	13	14	15	16	17
18	19	20	21	22	23	24
25	26	27	28	29	30	

(1) 위에 있는 수를 x라 할 때, 아래에 있는 수를 x에 대한 식으로 나타내시오.

(2) x에 대한 이차방정식을 세우시오.

(3) (2)의 방정식을 푸시오.

(4) 위, 아래로 이웃한 두 수를 구하시오.

8 지면에서 초속 60 m로 위로 쏘아 올린 공의 x초 후의 높이가 $(60x-5x^2)$ m일 때, 공의 높이가 처음으로 100 m가 되는 것은 공을 쏘아 올린 지 몇 초 후인지 구하려고 한다. 다음 물음에 답하시오.

(1) 공을 쏘아 올린 지 x초 후에 공의 높이가 처음으로 100 m가 된다고 할 때, x에 대한 이차방정식을 세우시오.

(2) (1)의 방정식을 푸시오.

(3) 공의 높이가 처음으로 100 m가 되는 것은 공을 쏘아 올린 지 몇 초 후인지 구하시오.

1 개념 **12** 이차방정식을 활용한 문제 해결 과정

연속하는 두 짝수의 제곱의 합이 340일 때, 두 짝수 중 큰 수는?

① 10   ② 12   ③ 14

④ 16   ⑤ 18

● 연속하는 두 짝수를 $x-2$, x로 놓고 이차방정식을 세운다.

2 개념 **12** 이차방정식을 활용한 문제 해결 과정

오른쪽 그림과 같이 정사각형의 가로의 길이를 3 cm만큼 늘이고, 세로의 길이를 1 cm만큼 줄여서 만든 직사각형의 넓이가 21 cm²일 때, 처음 정사각형의 한 변의 길이는?

① 2 cm   ② 3 cm   ③ 4 cm

④ 5 cm   ⑤ 6 cm

● 처음 정사각형의 한 변의 길이를 x cm로 놓고 직사각형의 가로, 세로의 길이를 x에 대한 식으로 나타낸다.

3 개념 **12** 이차방정식을 활용한 문제 해결 과정

나이 차이가 3살인 현주와 동생의 나이의 곱이 180일 때, 현주의 나이를 구하시오.

● 현주의 나이를 x살로 놓고 동생의 나이를 x에 대한 식으로 나타낸다.

기출 **4** 개념 **12** 이차방정식을 활용한 문제 해결 과정

의자 340개를 남김없이 강당에 직사각형 모양으로 배치하려고 한다. 가로줄에 배치하는 의자의 개수가 세로줄의 개수보다 3만큼 적다고 할 때, 가로줄에 배치하는 의자의 개수는?

① 16   ② 17   ③ 18

④ 19   ⑤ 20

● 가로줄에 배치하는 의자의 개수를 x로 놓고 세로줄의 개수를 x에 대한 식으로 나타낸다.

5 개념 **12** 이차방정식을 활용한 문제 해결 과정

지면에서 초속 30 m로 수직으로 쏘아 올린 물체의 t초 후의 높이가 $(30t-5t^2)$ m라 한다. 이 물체의 높이가 처음으로 40 m가 되는 것은 물체를 쏘아 올린 지 몇 초 후인지 구하시오.

6 개념 **12** 이차방정식을 활용한 문제 해결 과정

연속하는 두 자연수의 제곱의 합이 421일 때, 두 수 중 작은 수는?

① 11   ② 12   ③ 13

④ 14   ⑤ 15

● 연속하는 두 자연수를 x, $x+1$로 놓고 이차방정식을 세운다.

 **7** 개념 **12** 이차방정식을 활용한 문제 해결 과정

밑변의 길이가 높이보다 4 cm만큼 더 긴 삼각형의 넓이가 30 cm²일 때, 이 삼각형의 높이는?

① 4 cm   ② 5 cm   ③ 6 cm

④ 7 cm   ⑤ 8 cm

● 삼각형의 높이를 x cm로 놓고 밑변의 길이를 x에 대한 식으로 나타낸다.

8 개념 **12** 이차방정식을 활용한 문제 해결 과정

볼펜 80자루를 모든 학생에게 남김없이 나누어 주면 한 학생이 받는 볼펜의 수는 학생 수보다 2만큼 많다고 한다. 이때 학생 수는?

① 6   ② 7   ③ 8

④ 9   ⑤ 10

● 학생 수를 x로 놓고 한 학생이 받는 볼펜의 수를 x에 대한 식으로 나타낸다.

9 개념 **12** 이차방정식을 활용한 문제 해결 과정

7월 달력에 영수와 엄마의 생일을 표시하니 두 사람의 생일은 일주일 차이가 났다. 엄마의 생일이 더 늦고 두 사람의 생일의 날짜를 곱하면 198이 된다고 할 때, 두 사람의 생일은 각각 언제인지 구하시오.

● 영수의 생일을 7월 x일로 놓고 엄마의 생일을 x에 대한 식으로 나타낸다.

10 개념 **12** 이차방정식을 활용한 문제 해결 과정

지면에서 초속 70 m로 수직으로 쏘아 올린 물로켓의 t초 후의 높이가 $(70t-5t^2)$ m라 한다. 이 물로켓이 다시 지면에 떨어지는 것은 몇 초 후인지 구하시오.

● 지면에 다시 떨어졌을 때의 높이는 0 m이다.

01 이차함수 $y=ax^2$의 그래프

이차함수

x에 대한 이차함수: 함수 $y=f(x)$에서 y가 x에 대한 ❶ ⬜ 으로 나타나는 함수 f

➡ $y=ax^2+bx+c$ (a, b, c는 상수, $a \neq$ ❷ ⬜)

● 다음 중 y가 x에 대한 이차함수인 것은 ○표, 이차함수가 아닌 것은 ×표를 ( ) 안에 써넣으시오.

1 $y=\dfrac{1}{2}x+1$ ( )

2 $y=-\dfrac{x^2}{3}+x-1$ ( )

3 $y=4x^2-\dfrac{2}{x}+7$ ( )

4 $y=-x(x+5)+x^2$ ( )

5 한 변의 길이가 x cm인 정사각형의 둘레의 길이 y cm ( )

6 밑변의 길이가 $(x+3)$ cm이고 높이가 $(x-1)$ cm인 삼각형의 넓이 y cm^2 ( )

● 다음을 구하시오.

7 이차함수 $f(x)=x^2-2x+3$에 대하여 $f(-1)$의 값

8 이차함수 $f(x)=-3x^2+\dfrac{x}{4}$에 대하여 $2f(4)$의 값

9 이차함수 $f(x)=7x^2-\dfrac{1}{2}x+\dfrac{1}{2}$에 대하여 $f(1)-f(0)$의 값

이차함수 $y=x^2$, $y=-x^2$의 그래프

(1) 이차함수 $y=x^2$의 그래프는 원점을 지나고 ❸ ⬜ 로 볼록한 곡선이다.

(2) 이차함수 $y=-x^2$의 그래프는 ❹ ⬜ 을 지나고 ❺ ⬜ 로 볼록한 곡선이다.

● 이차함수 $y=x^2$의 그래프에 대하여 다음 ⬜ 안에 알맞은 것을 써넣으시오.

10 점 $(0, \square)$을 지난다.

11 $\square$축에 대칭이다.

12 $x<0$일 때, x의 값이 증가하면 y의 값은 $\square$한다.

13 $x>0$일 때, x의 값이 $\square$하면 y의 값도 증가한다.

14 원점을 제외한 모든 부분은 x축보다 $\square$쪽에 있다.

● 이차함수 $y=-x^2$의 그래프에 대하여 다음 ⬜ 안에 알맞은 것을 써넣으시오.

15 점 $(\square, 0)$을 지난다.

16 $\square$축에 대칭이다.

17 $x<0$일 때, x의 값이 $\square$하면 y의 값도 증가한다.

18 $x>0$일 때, x의 값이 증가하면 y의 값은 $\square$한다.

19 원점을 제외한 모든 부분은 x축보다 $\square$쪽에 있다.

20 이차함수 $y=x^2$의 그래프와 $\square$축에 서로 대칭이다.

이차함수 $y=ax^2$의 그래프

(1) **포물선**: 선대칭도형으로 그 대칭축을 포물선의
❻ 이라 하고, 포물선과 축의 교점을 포물선의
❼ 이라 한다.

(2) **이차함수 $y=ax^2$의 그래프**: 원점을 꼭짓점으로 하는
포물선
➡ y축에 대칭이고, 축의 방정식은 **❽**
➡ a의 절댓값이 그래프의 **❾** 을 결정

▶ 이차함수 $y=3x^2$의 그래프에 대하여 다음 □ 안에 알맞은 것을 써넣으시오.

21 이차함수 $y=x^2$의 그래프의 각 점에 대하여 y좌표를 □배로 하는 점을 연결하여 그릴 수 있다.

22 □로 볼록하고 □축에 대칭인 곡선이다.

23 꼭짓점의 좌표는 (□, □)이고, 축의 방정식은 □이다.

24 x□0일 때, x의 값이 증가하면 y의 값은 감소한다.

▶ 이차함수 $y=-\dfrac{3}{8}x^2$의 그래프에 대하여 다음 □ 안에 알맞은 것을 써넣으시오.

25 위로 □하고 □축에 대칭인 곡선이다.

26 꼭짓점의 좌표는 (□, □)이고, 축의 방정식은 □이다.

27 제□사분면과 제□사분면을 지난다.

28 $x>0$일 때, x의 값이 증가하면 y의 값은 □한다.

29 이차함수 $y=\dfrac{3}{8}x^2$의 그래프와 □축에 서로 대칭이다.

▶ 다음 두 이차함수의 그래프가 x축에 서로 대칭인 것은 ○표, 대칭이 아닌 것은 ×표를 ( ) 안에 써넣으시오.

30 $y=x^2,\ y=-2x^2$ ( )

31 $y=\dfrac{1}{8}x^2,\ y=8x^2$ ( )

32 $y=-\dfrac{5}{7}x^2,\ y=\dfrac{5}{7}x^2$ ( )

33 $y=9x^2,\ y=-9x^2$ ( )

▶ 아래 [보기]의 이차함수의 그래프에 대하여 다음 물음에 답하시오.

[보기]

ㄱ. $y=x^2$ ㄴ. $y=-\dfrac{2}{3}x^2$ ㄷ. $y=-4x^2$

ㄹ. $y=-\dfrac{1}{5}x^2$ ㅁ. $y=5x^2$ ㅂ. $y=\dfrac{2}{3}x^2$

34 위로 볼록한 그래프를 모두 고르시오.

35 제1사분면과 제2사분면을 지나는 그래프를 모두 고르시오.

36 x축에 서로 대칭인 두 그래프를 고르시오.

37 $x>0$일 때, x의 값이 증가하면 y의 값도 증가하는 그래프를 모두 고르시오.

38 폭이 가장 좁은 그래프를 고르시오.

개념 ❶ 이차함수의 뜻

1 다음 보기 에서 y가 x에 대한 이차함수인 것의 개수를 구하시오.

> 보기
> ㄱ. $y=1-\dfrac{1}{x}$ ㄴ. $y=\dfrac{x}{2}(x-2)$ ㄷ. $y=\dfrac{2}{x^2}+x-7$
> ㄹ. $y=0.1x^2-x+0.3$ ㅁ. $y=4x^2-2x(x-2)$

이차함수는 함수 $y=f(x)$에서 y가 x에 대한 이차식으로 나타나는 함수이다.

개념 ❶ 이차함수의 뜻

2 한 변의 길이가 5 cm인 정사각형에서 가로의 길이와 세로의 길이를 각각 x cm씩 늘여서 만든 정사각형의 넓이를 y cm²라 할 때, 다음 물음에 답하시오.

(1) x와 y 사이의 관계를 식으로 나타내고, y가 x에 대한 이차함수인지 말하시오.

(2) x의 값이 1, 3일 때 새로 만든 정사각형의 넓이를 차례로 구하시오.

개념 ❷ 이차함수 $y=x^2$의 그래프, 개념 ❸ 포물선

3 다음 중에서 이차함수 $y=x^2$의 그래프에 대한 설명으로 옳지 <u>않은</u> 것을 모두 고르면? (정답 2개)

① 제1사분면을 지난다.

② x축과 한 점에서 만난다.

③ 축의 방정식은 $y=0$이다.

④ 이차함수 $y=-x^2$의 그래프와 x축에 서로 대칭이다.

⑤ x의 값이 -4에서 0까지 증가할 때, y의 값도 증가한다.

개념 ❹ 이차함수 $y=ax^2$의 그래프

4 이차함수 $y=ax^2$의 그래프가 이차함수 $y=-7x^2$의 그래프와 x축에 서로 대칭이고, 점 $\left(\dfrac{1}{7},\ k\right)$를 지날 때, $a,\ k$의 값을 각각 구하시오. (단, a는 상수)

개념 ❹ 이차함수 $y=ax^2$의 그래프

기출 5 세 이차함수 $y=-\dfrac{2}{7}x^2$, $y=2x^2$, $y=-5x^2$의 그래프가 오른쪽 그림과 같을 때, 이차함수 $y=-5x^2$의 그래프를 찾으시오.

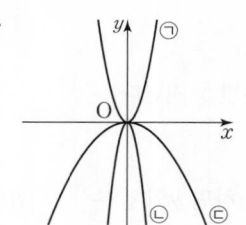

이차함수 $y=ax^2$의 그래프
• a의 부호: 볼록한 방향 결정
• a의 절댓값: 그래프의 폭 결정

6 개념 **1** 이차함수의 뜻

다음 중 함수 $y=ax^2+2x(x-4)-3$이 이차함수가 되기 위한 상수 a의 값이 될 수 <u>없는</u> 것은?

① -2 ② -1 ③ 0

④ 1 ⑤ 2

> 함수 $y=f(x)$가 이차함수
> $\Leftrightarrow y=(x$에 대한 이차식)

7 개념 **1** 이차함수의 뜻

이차함수 $y=f(x)$에 대하여 $f(x)=x^2-x-1$이고 $f(a)=1$일 때, 모든 a의 값의 합을 구하시오.

8 개념 **2** 이차함수 $y=x^2$의 그래프, 개념 **3** 포물선

다음은 이차함수 $y=x^2$의 그래프와 x축에 서로 대칭인 그래프에 대한 설명이다. □ 안에 알맞은 수들의 합을 구하시오.

> • 축의 방정식은 $x=\Box$이다.
> • x축과 만나는 점은 $\Box$개이다.
> • 제$\Box$사분면과 제$\Box$사분면을 지난다.
> • 점 ($\Box$, $\Box$)을 꼭짓점으로 하는 포물선이다.

> x축에 서로 대칭인 두 그래프는 x축을 접는 선으로 하여 접었을 때 완전히 포개어진다.

9 기출 개념 **4** 이차함수 $y=ax^2$의 그래프

두 이차함수 $y=ax^2$, $y=3x^2$의 그래프가 오른쪽 그림과 같을 때, 다음 중에서 상수 a의 값이 될 수 있는 것은?

① 5 ② 4 ③ 2

④ -1 ⑤ $-\dfrac{1}{2}$

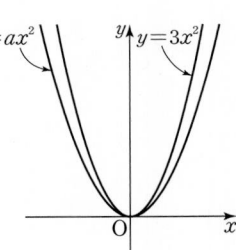

10 개념 **4** 이차함수 $y=ax^2$의 그래프

오른쪽 그림과 같이 원점을 꼭짓점으로 하고, 점 $(2, -2)$를 지나는 포물선을 그래프로 하는 이차함수의 식은?

① $y=2x^2$ ② $y=-\dfrac{1}{2}x^2$

③ $y=-x^2$ ④ $y=-\dfrac{3}{2}x^2$

⑤ $y=-2x^2$

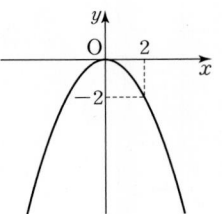

> 이차함수 $y=f(x)$의 그래프가 점 (p, q)를 지난다.
> $\Leftrightarrow f(p)=q$가 성립한다.

02 이차함수 $y=a(x-p)^2+q$의 그래프

이차함수 $y=ax^2+q$의 그래프

이차함수 $y=ax^2+q$의 그래프: 이차함수 $y=ax^2$의 그래프를 y축의 방향으로 ❶ 만큼 평행이동한 것

(1) 축의 방정식: $x=$ ❷ (y축)

(2) 꼭짓점의 좌표: (0, ❸)

이차함수 $y=a(x-p)^2$의 그래프

이차함수 $y=a(x-p)^2$의 그래프: 이차함수 $y=ax^2$의 그래프를 ❹ 축의 방향으로 p만큼 평행이동한 것

(1) 축의 방정식: $x=$ ❺

(2) 꼭짓점의 좌표: (❻ , 0)

▶ 다음 이차함수의 그래프를 y축의 방향으로 [　] 안의 수만큼 평행이동한 그래프를 나타내는 이차함수의 식을 구하시오.

1 $y=x^2$ [-1]

2 $y=-3x^2$ [6]

3 $y=-\dfrac{1}{4}x^2$ [-4]

▶ 다음 이차함수의 그래프는 이차함수 $y=5x^2$의 그래프를 y축의 방향으로 얼마만큼 평행이동한 것인지 말하시오.

4 $y=5x^2+3$

5 $y=5x^2-\dfrac{1}{2}$

6 $y=5x^2-2$

▶ 다음 이차함수의 그래프의 축의 방정식과 꼭짓점의 좌표를 차례로 구하시오.

7 $y=-\dfrac{2}{3}x^2+1$

➡ ＿＿＿＿＿＿＿, (　　,　　)

8 $y=4x^2-0.5$

➡ ＿＿＿＿＿＿＿, (　　,　　)

9 $y=-11x^2+7$

➡ ＿＿＿＿＿＿＿, (　　,　　)

▶ 다음 이차함수의 그래프를 x축의 방향으로 [　] 안의 수만큼 평행이동한 그래프를 나타내는 이차함수의 식을 구하시오.

10 $y=-\dfrac{1}{2}x^2$ [1]

11 $y=4x^2$ [-2]

12 $y=0.1x^2$ [9]

▶ 다음 이차함수의 그래프는 이차함수 $y=-3x^2$의 그래프를 x축의 방향으로 얼마만큼 평행이동한 것인지 말하시오.

13 $y=-3(x+1)^2$

14 $y=-3(x-6)^2$

15 $y=-3(x-0.5)^2$

▶ 다음 이차함수의 그래프의 축의 방정식과 꼭짓점의 좌표를 차례로 구하시오.

16 $y=8(x-2)^2$

➡ ＿＿＿＿＿＿＿, (　　,　　)

17 $y=-\dfrac{2}{7}(x+6)^2$

➡ ＿＿＿＿＿＿＿, (　　,　　)

18 $y=9(x-1.5)^2$

➡ ＿＿＿＿＿＿＿, (　　,　　)

이차함수 $y=a(x-p)^2+q$의 그래프

이차함수 $y=a(x-p)^2+q$의 그래프: 이차함수 $y=ax^2$
의 그래프를 x축의 방향으로 **❼** 만큼, **❽** 축의
방향으로 q만큼 평행이동한 것

(1) 축의 방정식: $x=$ **❾**

(2) 꼭짓점의 좌표: (**❿** , **⓫**)

다음 이차함수의 그래프를 x축의 방향으로 [   ] 안의 p만큼,
y축의 방향으로 [   ] 안의 q만큼 평행이동한 그래프를 나
타내는 이차함수의 식을 구하시오.

19 $y=-6x^2$ $[p=1,\ q=2]$

20 $y=2.5x^2$ $[p=-0.2,\ q=3]$

21 $y=-\dfrac{3}{5}x^2$ $[p=-5,\ q=-1]$

22 $y=10x^2$ $\left[p=\dfrac{1}{2},\ q=\dfrac{1}{4}\right]$

다음 이차함수의 그래프는 이차함수 $y=-\dfrac{9}{10}x^2$의 그래프
를 평행이동한 것이다. □ 안에 알맞은 수를 써넣으시오.

23 $y=-\dfrac{9}{10}(x+3)^2-1$

➡ x축의 방향으로 □ 만큼, y축의 방향으로 □ 만큼
평행이동

24 $y=-\dfrac{9}{10}\left(x-\dfrac{4}{5}\right)^2+7$

➡ x축의 방향으로 □ 만큼, y축의 방향으로 □ 만큼 평
행이동

25 $y=-\dfrac{9}{10}(x-4.5)^2+6$

➡ x축의 방향으로 □ 만큼, y축의 방향으로 □ 만큼
평행이동

다음 이차함수의 그래프의 축의 방정식과 꼭짓점의 좌표를
차례로 구하시오.

26 $y=7(x-5)^2-0.5$

➡ _____ , (,   )

27 $y=-\dfrac{2}{3}(x+6)^2+9$

➡ _____ , (,   )

28 $y=0.5(x-4)^2+3$

➡ _____ , (,   )

이차함수 $y=4x^2$의 그래프를 x축의 방향으로 -3만큼, y
축의 방향으로 $-\dfrac{3}{2}$만큼 평행이동한 그래프에 대하여 다음
을 구하시오.

29 평행이동한 그래프를 나타내는 이차함수의 식

➡ _____

30 축의 방정식

➡ _____

31 꼭짓점의 좌표 ➡ (,   )

이차함수 $y=-\dfrac{5}{7}x^2$의 그래프를 x축의 방향으로 -0.5만
큼, y축의 방향으로 7만큼 평행이동한 그래프에 대하여 다음
을 구하시오.

32 평행이동한 그래프를 나타내는 이차함수의 식

➡ _____

33 축의 방정식

➡ _____

34 꼭짓점의 좌표 ➡ (,   )

1 개념 **5** 이차함수 $y=ax^2+q$의 그래프

다음 보기에서 이차함수 $y=3x^2+1$의 그래프에 대한 설명으로 옳은 것을 모두 고르시오.

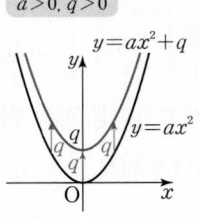

> 보기
>
> ㄱ. 이차함수 $y=x^2$의 그래프를 y축의 방향으로 1만큼 평행이동한 것이다.
> ㄴ. 그래프의 모양은 아래로 볼록하고 제1, 2사분면을 지난다.
> ㄷ. 꼭짓점 $(0, 1)$에서 x축과 만난다.
> ㄹ. y축인 $x=0$이 축의 방정식이다.

2 개념 **5** 이차함수 $y=ax^2+q$의 그래프

이차함수 $y=-2x^2$의 그래프를 y축의 방향으로 q만큼 평행이동한 그래프가 점 $(1, 5)$를 지날 때, q의 값을 구하시오.

3 개념 **6** 이차함수 $y=a(x-p)^2$의 그래프

다음 이차함수의 그래프를 x축의 방향으로 [   ] 안의 수만큼 평행이동한 그래프를 나타내는 이차함수의 식을 구하시오.

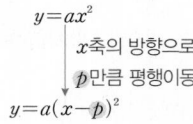

$$y=-\frac{1}{7}x^2\ [\,4\,]$$

기출 4 개념 **6** 이차함수 $y=a(x-p)^2$의 그래프

이차함수 $y=8x^2$의 그래프를 x축의 방향으로 k만큼 평행이동한 그래프가 점 $(0, 32)$를 지날 때, 다음 중 k의 값이 될 수 있는 것은?

① -4 　　② -3 　　③ -1
④ 2 　　⑤ 4

5 개념 **7** 이차함수 $y=a(x-p)^2+q$의 그래프

다음 이차함수의 그래프를 x축과 y축의 방향으로 [   ] 안의 수만큼 차례로 평행이동한 그래프를 나타내는 이차함수의 식을 구하시오.

(1) $y=-6x^2\left[-5,\ \dfrac{1}{2}\right]$ 　　　　(2) $y=1.5x^2\ [\,4,\ -8\,]$

개념 ⑤ 이차함수 $y=ax^2+q$의 그래프

6 이차함수 $y=-\dfrac{1}{8}x^2$의 그래프를 y축의 방향으로 -4만큼 평행이동한 그래프에 대하여 다음 □ 안
에 알맞은 것을 써넣으시오.

(1) 평행이동한 그래프를 나타내는 이차함수의 식은 $y=$ □ 이다.

(2) 축의 방정식은 □이고, 꼭짓점의 좌표는 (□, □)이다.

(3) 그래프의 모양은 □로 볼록하고, 제□, □사분면을 지난다.

> 이차함수 $y=ax^2$의 그래프를 y축
> 의 방향으로 평행이동하면 그래프
> 는 위쪽 또는 아래쪽으로 움직인다.

개념 ⑤ 이차함수 $y=ax^2+q$의 그래프

7 이차함수 $y=ax^2+q$의 그래프의 꼭짓점의 좌표가 $(0, 1)$이고 점 $(2, 9)$를 지날 때, 상수 a, q에
대하여 $a+q$의 값을 구하시오.

> 이차함수 $y=ax^2+q$의 그래프의
> 꼭짓점의 좌표는 $(0, q)$이다.

개념 ⑥ 이차함수 $y=a(x-p)^2$의 그래프

8 다음 중에서 이차함수 $y=0.25(x-2)^2$의 그래프 위의 점이 <u>아닌</u> 것은?

① $(-2, 4)$ ② $\left(-1, \dfrac{9}{4}\right)$ ③ $(0, 1)$

④ $\left(3, \dfrac{3}{4}\right)$ ⑤ $\left(5, \dfrac{9}{4}\right)$

기출 개념 ⑦ 이차함수 $y=a(x-p)^2+q$의 그래프

9 다음 이차함수의 그래프의 축의 방정식과 꼭짓점의 좌표를 각각 구하시오.

(1) $y=6(x+5)^2-\dfrac{4}{5}$ (2) $y=-\dfrac{1}{10}(x-7)^2+3$

(3) $y=4.5\left(x-\dfrac{3}{2}\right)^2-4$ (4) $y=-8(x+3)^2+0.9$

> 이차함수 $y=a(x-p)^2+q$의 그래
> 프
> • 축의 방정식: $x=p$
> • 꼭짓점의 좌표: (p, q)

개념 ⑦ 이차함수 $y=a(x-p)^2+q$의 그래프

10 이차함수 $y=\dfrac{2}{3}x^2$의 그래프를 x축의 방향으로 -4만큼, y축의 방향으로 8만큼 평행이동한 그래프
의 꼭짓점의 좌표를 (a, b), 축의 방정식을 $x=c$라 할 때, $a+b+c$의 값을 구하시오.

03 이차함수 $y=a(x-p)^2+q$의 그래프의 성질

이차함수 $y=a(x-p)^2+q$의 그래프에서 a, p, q의 부호

(1) 그래프의 모양
  ① 아래로 볼록: $a>0$ ② 위로 볼록: a ❶ ☐ 0

(2) 꼭짓점 (p, q)의 위치
  ① 제1사분면: $p>0, q>0$
  ② 제2사분면: p ❷ ☐ $0, q>0$
  ③ 제3사분면: $p<0, q<0$
  ④ 제4사분면: $p>0, q$ ❸ ☐ 0

1 이차함수 $y=ax^2+q$의 그래프가 오른쪽 그림과 같을 때, 다음 ☐ 안에 알맞은 것을 써넣으시오.
   (단, a, q는 상수)

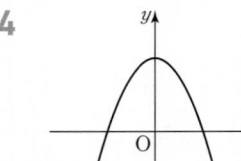

- 그래프의 모양이 ☐로 볼록하므로 a ☐ 0
- 꼭짓점 $(0, q)$가 x축보다 아래쪽에 있으므로 q ☐ 0

2 이차함수 $y=a(x-p)^2$의 그래프가 오른쪽 그림과 같을 때, 다음 ☐ 안에 알맞은 것을 써넣으시오.
   (단, a, p는 상수)

- 그래프의 모양이 ☐로 볼록하므로 a ☐ 0
- 꼭짓점 $(p, 0)$이 y축보다 오른쪽에 있으므로 p ☐ 0

3 이차함수 $y=a(x-p)^2+q$의 그래프가 오른쪽 그림과 같을 때, 다음 ☐ 안에 알맞은 것을 써넣으시오. (단, a, p, q는 상수)

- 그래프의 모양이 ☐로 볼록하므로 a ☐ 0
- 꼭짓점 (p, q)가 제 ☐ 사분면 위에 있으므로 p ☐ $0, q$ ☐ 0

다음 이차함수의 그래프를 보고 ☐ 안에 >, < 중 알맞은 것을 써넣으시오. (단, a, p, q는 상수)

4

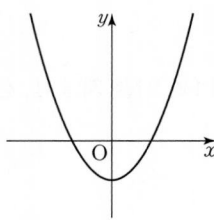
$y=ax^2+q$

➡ a ☐ $0, q$ ☐ 0

5

$y=ax^2+q$

➡ a ☐ $0, q$ ☐ 0

6

$y=a(x-p)^2$

➡ a ☐ $0, p$ ☐ 0

7

$y=a(x-p)^2$

➡ a ☐ $0, p$ ☐ 0

8

$y=a(x-p)^2+q$

➡ a ☐ $0, p$ ☐ $0, q$ ☐ 0

9

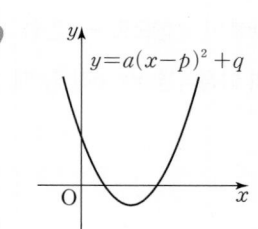
$y=a(x-p)^2+q$

➡ a ☐ $0, p$ ☐ $0, q$ ☐ 0

다음 이차함수 $y=a(x-p)^2+q$의 그래프를 보고 □ 안에 알맞은 것을 써넣으시오. (단, a, p, q는 상수)

10

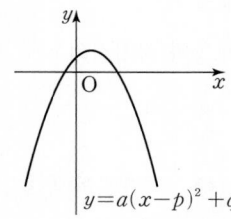

➡ $a\square0$, $p\square0$, $q\square0$

이차함수 $y=p(x-a)^2+q$의 그래프는
- $p\square0$이므로 그래프의 모양은 □로 볼록하다.
- 꼭짓점의 좌표가 (□, □)이므로 꼭짓점은 제□사분면 위에 있다.

11

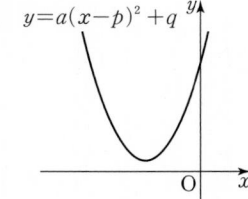

➡ $a\square0$, $p\square0$, $q\square0$

이차함수 $y=q(x-a)^2+p$의 그래프는
- $q\square0$이므로 그래프의 모양은 □로 볼록하다.
- 꼭짓점의 좌표가 (□, □)이므로 꼭짓점은 제□사분면 위에 있다.

12

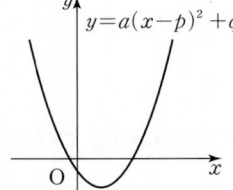

➡ $a\square0$, $p\square0$, $q\square0$

이차함수 $y=p(x-q)^2+a$의 그래프는
- $p\square0$이므로 그래프의 모양은 □로 볼록하다.
- 꼭짓점의 좌표가 (□, □)이므로 꼭짓점은 제□사분면 위에 있다.

다음과 같이 원점을 지나는 이차함수 $y=a(x-p)^2+q$의 그래프를 보고 □ 안에 알맞은 수를 써넣으시오.
(단, a, p, q는 상수)

13

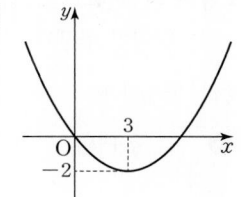

- 꼭짓점의 좌표가 (3, −2)이므로 $p=\square$, $q=\square$ 이다.
- 이차함수 $y=a(x-3)^2-2$의 그래프가 원점을 지나므로 $a=\square$ 이다.

14

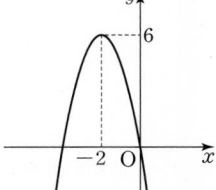

- 꼭짓점의 좌표가 (−2, 6)이므로 $p=\square$, $q=\square$ 이다.
- 이차함수 $y=a(x+2)^2+6$의 그래프가 원점을 지나므로 $a=\square$ 이다.

15

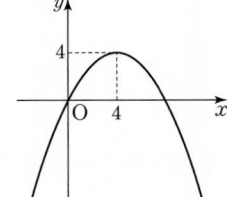

- 꼭짓점의 좌표가 (4, 4)이므로 $p=\square$, $q=\square$이다.
- 이차함수 $y=a(x-4)^2+4$의 그래프가 원점을 지나므로 $a=\square$ 이다.

이차함수 $y=a(x-p)^2+q$의 그래프의 평행이동

이차함수 $y=a(x-p)^2+q$의 그래프를 x축의 방향으로 m만큼, y축의 방향으로 n만큼 평행이동하면 그래프의 모양과 폭은 바뀌지 않고 **❹**〔　　　〕의 위치만 바뀐다.

(1) 이차함수의 식: $y=a\{x-(p+m)\}^2+q+n$

(2) 꼭짓점의 좌표: (p, q) ➡ $(p+$**❺**〔　　〕$, q+$**❻**〔　　〕$)$

▶ 이차함수 $y=-\dfrac{1}{7}(x+5)^2-7$의 그래프를 다음과 같이 평행이동한 그래프를 나타내는 이차함수의 식을 구하려고 한다. □ 안에 알맞은 수를 써넣으시오.

16 x축의 방향으로 3만큼 평행이동

➡ $y=-\dfrac{1}{7}(x+\square)^2-7$

17 y축의 방향으로 5만큼 평행이동

➡ $y=-\dfrac{1}{7}(x+5)^2-\square$

18 x축의 방향으로 3만큼, y축의 방향으로 5만큼 평행이동

➡ $y=-\dfrac{1}{7}(x+\square)^2-\square$

▶ 이차함수 $y=8(x-3)^2+2$의 그래프를 다음과 같이 평행이동한 그래프를 나타내는 이차함수의 식을 구하시오.

19 x축의 방향으로 -1만큼, y축의 방향으로 -2만큼 평행이동

20 x축의 방향으로 4만큼, y축의 방향으로 -5만큼 평행이동

21 x축의 방향으로 -2만큼, y축의 방향으로 3만큼 평행이동

이차함수 $y=a(x-p)^2+q$의 그래프의 대칭이동

이차함수 $y=a(x-p)^2+q$의 그래프를

(1) x축에 대칭이동하면 그래프의 모양과 꼭짓점의 **❼**〔　　〕좌표의 부호가 바뀐다.

➡ 이차함수의 식: $y=-a(x-p)^2-q$

(2) y축에 대칭이동하면 꼭짓점의 **❽**〔　　〕좌표의 부호만 바뀐다.

➡ 이차함수의 식: $y=a(x+p)^2+q$

▶ 이차함수 $y=2\left(x-\dfrac{1}{2}\right)^2+5$의 그래프를 다음과 같이 대칭이동한 그래프를 나타내는 이차함수의 식을 구하려고 한다. □ 안에 알맞은 것을 써넣으시오.

22 x축에 대칭이동

➡ $y=\square\left(x-\dfrac{1}{2}\right)^2\square 5$

23 y축에 대칭이동

➡ $y=2\left(x\square\dfrac{1}{2}\right)^2+5$

▶ 이차함수 $y=-\dfrac{2}{3}(x-1)^2-8$의 그래프를 다음과 같이 대칭이동한 그래프를 나타내는 이차함수의 식을 구하시오.

24 x축에 대칭이동

25 y축에 대칭이동

▶ 이차함수 $y=0.3\left(x+\dfrac{3}{8}\right)^2+0.7$의 그래프를 다음과 같이 대칭이동한 그래프를 나타내는 이차함수의 식을 구하시오.

26 x축에 대칭이동

27 y축에 대칭이동

1 개념 **8** 이차함수 $y=a(x-p)^2+q$의 그래프에서 a, p, q의 부호

이차함수 $y=a(x-p)^2+q$의 그래프가 오른쪽 그림과 같을 때, 다음 보기 에서 □ 안의 부호가 >인 것을 모두 고르시오. (단, a, p, q는 상수)

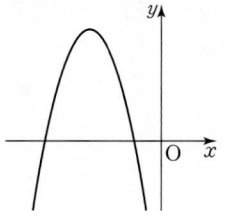

보기
ㄱ. $a\square0$　　　　ㄴ. $p\square0$　　　　ㄷ. $q\square0$
ㄹ. $pq\square0$　　　ㅁ. $q-a\square0$

● 이차함수의 그래프의 모양과 꼭짓점의 위치를 보고 부호를 알아본다.

2 개념 **8** 이차함수 $y=a(x-p)^2+q$의 그래프에서 a, p, q의 부호

$a<0$, $p>0$, $q>0$일 때, 다음 보기 에서 이차함수 $y=a(x-p)^2+q$의 그래프로 알맞은 것을 고르시오.

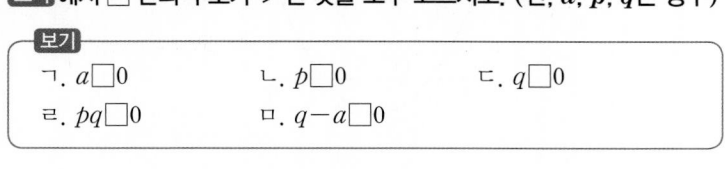

3 기출 개념 **8** 이차함수 $y=a(x-p)^2+q$의 그래프에서 a, p, q의 부호

원점을 지나는 이차함수 $y=a(x-p)^2+q$의 그래프가 오른쪽 그림과 같을 때, 상수 a, p, q에 대하여 $a+p+q$의 값을 구하시오.

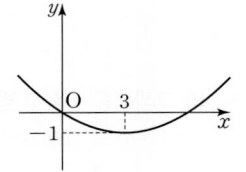

● 그래프를 보고 꼭짓점의 위치를 먼저 찾아본다.

4 개념 **9** 이차함수 $y=a(x-p)^2+q$의 그래프의 평행이동과 대칭이동

이차함수 $y=\dfrac{1}{10}(x+6)^2-3$의 그래프를 x축의 방향으로 1만큼, y축의 방향으로 -2만큼 평행이동한 그래프의 꼭짓점의 좌표를 (p, q)라 할 때, $\dfrac{p}{q}$의 값은?

① -2　　　　② -1　　　　③ 1
④ 3　　　　　⑤ 5

5 개념 **9** 이차함수 $y=a(x-p)^2+q$의 그래프의 평행이동과 대칭이동

이차함수 $y=-3\left(x-\dfrac{1}{2}\right)^2+4$의 그래프를 x축에 대칭이동한 그래프의 꼭짓점의 좌표를 (p, q), 축의 방정식을 $x=r$라 할 때, pqr의 값을 구하시오.

● 이차함수의 그래프를 x축에 대칭이동하면 그래프의 모양과 꼭짓점의 y좌표의 부호가 바뀐다.

6 개념 **8** 이차함수 $y=a(x-p)^2+q$의 그래프에서 a, p, q의 부호

이차함수 $y=a(x+p)^2+q$의 그래프가 오른쪽 그림과 같을 때, 상수 a, p, q의 부호를 각각 구하시오.

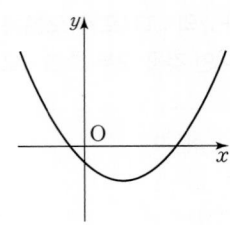

7 개념 **8** 이차함수 $y=a(x-p)^2+q$의 그래프에서 a, p, q의 부호

이차함수 $y=a(x-p)^2+q$의 그래프가 오른쪽 그림과 같을 때, 이차함수 $y=q(x-p)^2-a$의 그래프에 대한 설명으로 옳은 것은?

(단, a, p, q는 상수)

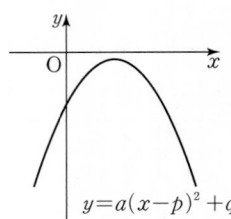
$y=a(x-p)^2+q$

① $a<0$, $p<0$, $q<0$이다.
② 아래로 볼록하다.
③ 꼭짓점은 제1사분면 위에 있다.
④ $aq+p<0$이다.
⑤ 제4사분면을 지나지 않는다.

> 이차함수 $y=a(x-p)^2+q$의 그래프에서 a, p, q의 부호를 먼저 구해 본다.

 **8** 개념 **9** 이차함수 $y=a(x-p)^2+q$의 그래프의 평행이동과 대칭이동

이차함수 $y=-(x-3)^2+9$의 그래프를 x축의 방향으로 m만큼, y축의 방향으로 n만큼 평행이동 하였더니 이차함수 $y=-(x-1)^2+4$의 그래프와 일치하였다. 이때 m, n의 값은?

① $m=-4$, $n=-5$ ② $m=-2$, $n=-5$
③ $m=-2$, $n=5$ ④ $m=2$, $n=5$
⑤ $m=4$, $n=5$

> 이차함수의 그래프를 평행이동하면 그래프의 모양과 폭은 바뀌지 않고 꼭짓점의 위치만 바뀐다.

9 개념 **9** 이차함수 $y=a(x-p)^2+q$의 그래프의 평행이동과 대칭이동

이차함수 $y=7(x+4)^2-\dfrac{1}{7}$의 그래프를 x축에 대칭이동한 그래프를 나타내는 이차함수의 식을 $y=a(x+p)^2+q$, y축에 대칭이동한 그래프를 나타내는 이차함수의 식을 $y=b(x-m)^2-n$이라 할 때, 다음 보기 에서 옳은 것을 모두 고르시오.

보기
ㄱ. $aq=1$, $p=-4$ ㄴ. $aq=-1$, $p=4$
ㄷ. $bn=1$, $m=4$ ㄹ. $bn=-1$, $m=-4$

> 이차함수의 그래프를 그려 x축, y축에 각각 대칭이동한 그래프를 그려 보면 이해하기 쉽다.

04 이차함수 $y=ax^2+bx+c$의 그래프

정답과 풀이 ★ 94쪽

이차함수 $y=ax^2+bx+c$의 그래프

이차함수 $y=ax^2+bx+c$의 그래프는
$y=a(x-p)^2+q$ 꼴로 고쳐서 그린다.

$$y=ax^2+bx+c \Rightarrow y=a\left(x+\frac{b}{2a}\right)^2-\frac{b^2-4ac}{4a}$$

(1) 축의 방정식: $x=$ ❶

(2) 꼭짓점의 좌표: $\left(\text{❷} \ , \ -\frac{b^2-4ac}{4a}\right)$

(3) y축과의 교점의 좌표: $(0, \ \text{❸})$

▶ 다음은 이차함수 $y=ax^2+bx+c$를 $y=a(x-p)^2+q$ 꼴로 고쳐서 이차함수의 그래프의 축의 방정식과 꼭짓점의 좌표를 구하는 과정이다. □ 안에 알맞은 수를 써넣으시오.

1 $y=x^2+6x-4$

$y=x^2+6x-4=(x^2+6x)-4$
$=(x^2+6x+\square-\square)-4$
$=(x+\square)^2-\square$
➡ 따라서 축의 방정식은 $x=\square$이고, 꼭짓점의 좌표는 $(\square, \ \square)$이다.

2 $y=-2x^2-4x+5$

$y=-2x^2-4x+5=-2(x^2+2x)+5$
$=-2(x^2+2x+\square-\square)+5$
$=-2(x+\square)^2+\square$
➡ 따라서 축의 방정식은 $x=\square$이고, 꼭짓점의 좌표는 $(\square, \ \square)$이다.

3 $y=3x^2-3x-1$

$y=3x^2-3x-1=3(x^2-x)-1$
$=3\left(x^2-x+\dfrac{1}{\square}-\dfrac{1}{\square}\right)-1$
$=3\left(x-\dfrac{1}{\square}\right)^2-\square$
➡ 따라서 축의 방정식은 $x=\dfrac{1}{\square}$이고, 꼭짓점의 좌표는
$\left(\dfrac{1}{\square}, \ \square\right)$이다.

▶ 주어진 이차함수의 식을 $y=a(x-p)^2+q$ 꼴로 나타내고, 다음을 구하시오. (단, a, p, q는 상수)

4 $y=2x^2-4x+3 \Rightarrow$ _____

(1) 꼭짓점의 좌표
(2) 축의 방정식
(3) y축과의 교점의 좌표

5 $y=3x^2-9x-7 \Rightarrow$ _____

(1) 꼭짓점의 좌표

(2) 축의 방정식

(3) y축과의 교점의 좌표

6 $y=-2x^2+2x+\dfrac{5}{2} \Rightarrow$ _____

(1) 꼭짓점의 좌표
(2) 축의 방정식
(3) y축과의 교점의 좌표

7 $y=\dfrac{1}{2}x^2+x-6 \Rightarrow$ _____

(1) 꼭짓점의 좌표
(2) 축의 방정식
(3) y축과의 교점의 좌표

8 $y=-\dfrac{1}{3}x^2-2x+1 \Rightarrow$ _____

(1) 꼭짓점의 좌표
(2) 축의 방정식
(3) y축과의 교점의 좌표

이차함수 $y=ax^2+bx+c$의 그래프에서 a, b, c의 부호

(1) 그래프의 모양
  ① 아래로 볼록: a **❹** 0
  ② 위로 볼록: $a<0$

(2) 축의 위치
  ① 축이 y축의 왼쪽에 위치: $ab>0$
  ② 축이 y축과 일치: $b=$ **❺**
  ③ 축이 y축의 오른쪽에 위치: ab **❻** 0

(3) y축과의 교점의 위치
  ① 교점이 x축보다 위쪽에 위치: $c>0$
  ② 교점이 원점: $c=0$
  ③ 교점이 x축보다 아래쪽에 위치: c **❼** 0

이차함수 $y=ax^2+bx+c$의 그래프가 다음 그림과 같을 때, □ 안에 알맞은 것을 써넣으시오. (단, a, b, c는 상수)

9

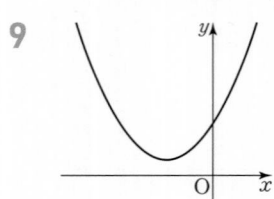

(1) 그래프가 □로 볼록하다. ➡ a □ 0
(2) 축이 y축의 □쪽에 있다.
  ➡ a, b는 서로 □ 부호이다.
  ➡ ab □ 0
  ➡ b □ 0
(3) y축과의 교점이 x축보다 □쪽에 있다. ➡ c □ 0

10

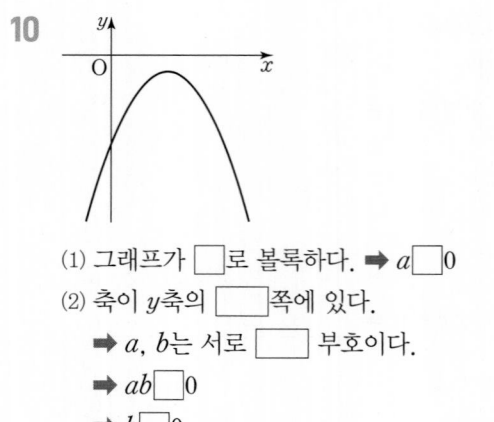

(1) 그래프가 □로 볼록하다. ➡ a □ 0
(2) 축이 y축의 □쪽에 있다.
  ➡ a, b는 서로 □ 부호이다.
  ➡ ab □ 0
  ➡ b □ 0
(3) y축과의 교점이 x축보다 □쪽에 있다. ➡ c □ 0

이차함수 $y=ax^2+bx+c$의 그래프가 다음 그림과 같을 때, ○ 안에 $>$, $=$, $<$ 중 알맞은 것을 써넣으시오.

11

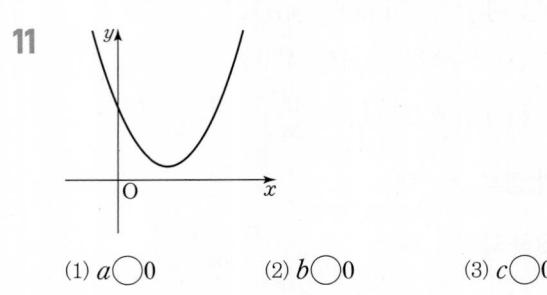

(1) a ○ 0　　　(2) b ○ 0　　　(3) c ○ 0

12

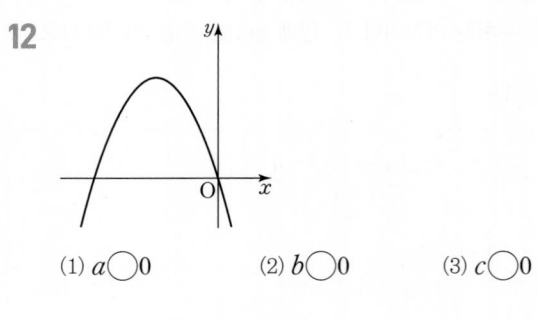

(1) a ○ 0　　　(2) b ○ 0　　　(3) c ○ 0

13

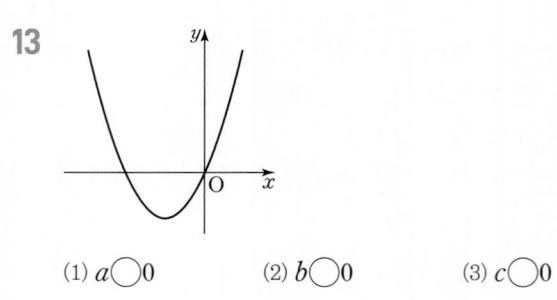

(1) a ○ 0　　　(2) b ○ 0　　　(3) c ○ 0

14

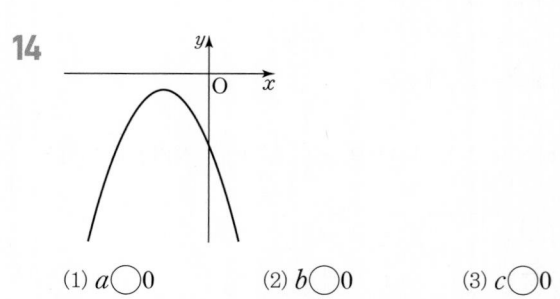

(1) a ○ 0　　　(2) b ○ 0　　　(3) c ○ 0

이차함수의 식 구하기 (1)

(1) 꼭짓점의 좌표 (p, q)와 그래프가 지나는 다른 한 점의 좌표를 아는 경우

이차함수의 식을 $y=a(x-p)^2+q$로 놓고, 다른 한 점의 좌표를 대입하여 ❽ 의 값을 구한다.

(2) 축의 방정식 $x=p$와 그래프가 지나는 두 점의 좌표를 아는 경우

이차함수의 식을 $y=a(x-p)^2+q$로 놓고, 두 점의 좌표를 각각 대입하여 a와 ❾ 의 값을 구한다.

▶ 다음 포물선을 그래프로 하는 이차함수의 식을 구하시오.

15 꼭짓점의 좌표가 $(3, -10)$이고, 점 $(0, 8)$을 지나는 포물선

이차함수의 식을 $y=a(x-3)^2-10$으로 놓으면
이 그래프가 점 $(0, 8)$을 지나므로
$8=\boxed{}a-10$, $a=\boxed{}$
따라서 구하는 이차함수의 식은
$y=\boxed{}$

16 꼭짓점의 좌표가 $(2, -6)$이고, 점 $(-1, 3)$을 지나는 포물선

이차함수의 식을 $y=a(x-2)^2-6$으로 놓으면
이 그래프가 점 $(-1, 3)$을 지나므로
$3=\boxed{}a-6$, $a=\boxed{}$
따라서 구하는 이차함수의 식은
$y=\boxed{}$

17 꼭짓점의 좌표가 $(-1, 4)$이고, 점 $(3, -12)$를 지나는 포물선

18 꼭짓점의 좌표가 $(2, 0)$이고, 점 $(-1, 3)$을 지나는 포물선

▶ 다음 포물선을 그래프로 하는 이차함수의 식을 구하시오.

19 축의 방정식이 $x=2$이고, 두 점 $(0, 3)$, $(2, -3)$을 지나는 포물선

이차함수의 식을 $y=a(x-\boxed{})^2+q$로 놓으면
이 그래프가 두 점 $(0, 3)$, $(2, -3)$을 지나므로
$3=\boxed{}a+q$, $-3=q$, 즉 $a=\boxed{}$, $q=-3$
따라서 구하는 이차함수의 식은
$y=\boxed{}$

20 축의 방정식이 $x=-4$이고, 두 점 $(-2, 8)$, $(2, 0)$을 지나는 포물선

이차함수의 식을 $y=a(x+\boxed{})^2+q$로 놓으면
이 그래프가 두 점 $(-2, 8)$, $(2, 0)$을 지나므로
$8=\boxed{}a+q$, $0=\boxed{}a+q$
$\therefore a=\boxed{}$, $q=\boxed{}$
따라서 구하는 이차함수의 식은
$y=\boxed{}$

21 축의 방정식이 $x=-2$이고, 두 점 $(-1, -2)$, $(0, -8)$을 지나는 포물선

22 축의 방정식이 $x=-1$이고, 두 점 $(-2, -2)$, $(1, 1)$을 지나는 포물선

23 축의 방정식이 $x=1$이고, 두 점 $\left(-2, \dfrac{15}{2}\right)$, $(3, 5)$를 지나는 포물선

이차함수의 식 구하기(2)

(1) 그래프가 지나는 서로 다른 세 점의 좌표를 아는 경우
이차함수의 식을 $y=ax^2+bx+c$로 놓고, 세 점의 좌표를 각각 대입하여 a, b, ❿ 의 값을 구한다.

(2) x축과의 두 교점 $(\alpha, 0)$, $(\beta, 0)$과 그래프가 지나는 다른 한 점의 좌표를 아는 경우
이차함수의 식을 $y=a(x-\alpha)(x-$❶$)$로 놓고, 다른 한 점의 좌표를 대입하여 ⓬ 의 값을 구한다.

▶ 다음 포물선을 그래프로 하는 이차함수의 식을 구하시오.

24 세 점 $(-1, 0)$, $(0, 3)$, $(1, 4)$를 지나는 포물선

이차함수의 식을 $y=ax^2+bx+c$로 놓으면
이 그래프가 점 $(0, 3)$을 지나므로 $c=\square$
$y=ax^2+bx+\square$의 그래프가 두 점 $(-1, 0)$, $(1, 4)$를 지나므로
$0=a-b+\square$, $4=a+b+\square$
위의 두 식을 연립하여 풀면 $a=\square$, $b=\square$
따라서 구하는 이차함수의 식은
$y=\square$

25 세 점 $(-1, -15)$, $(0, -9)$, $(1, -5)$를 지나는 포물선

이차함수의 식을 $y=ax^2+bx+c$로 놓으면
이 그래프가 점 $(0, -9)$를 지나므로 $c=\square$
$y=ax^2+bx-\square$의 그래프가 두 점 $(-1, -15)$, $(1, -5)$를 지나므로
$-15=a-b-\square$, $-5=a+b-\square$
위의 두 식을 연립하여 풀면 $a=\square$, $b=\square$
따라서 구하는 이차함수의 식은
$y=\square$

26 세 점 $(-4, 0)$, $(0, 0)$, $(2, 24)$를 지나는 포물선

27 세 점 $(-2, 14)$, $(0, 10)$, $(1, 2)$를 지나는 포물선

▶ 다음 포물선을 그래프로 하는 이차함수의 식을 $y=ax^2+bx+c$ 꼴로 나타내시오.

28 x축과 두 점 $(-1, 0)$, $(3, 0)$에서 만나고, 점 $(1, 2)$를 지나는 포물선

이차함수의 식을 $y=a(x+\square)(x-\square)$으로 놓으면
이 그래프가 점 $(1, 2)$를 지나므로
$2=\square a$, $a=\square$
따라서 구하는 이차함수의 식은
$y=\square$

29 x축과 두 점 $(1, 0)$, $(4, 0)$에서 만나고, 점 $(2, -6)$을 지나는 포물선

이차함수의 식을 $y=a(x-1)(x-\square)$로 놓으면
이 그래프가 점 $(2, -6)$을 지나므로
$-6=\square a$, $a=\square$
따라서 구하는 이차함수의 식은
$y=\square$

30 x축과 두 점 $(-5, 0)$, $(-3, 0)$에서 만나고, 점 $(1, 2)$를 지나는 포물선

31 x축과 두 점 $(-3, 0)$, $(2, 0)$에서 만나고, 점 $(-1, 24)$를 지나는 포물선

32 x축과 두 점 $(2, 0)$, $(6, 0)$에서 만나고, 점 $\left(3, -\dfrac{1}{2}\right)$을 지나는 포물선

1 개념 ⑩ 이차함수 $y=ax^2+bx+c$의 그래프

다음 이차함수를 $y=a(x-p)^2+q$ 꼴로 나타내시오.

(1) $y=-\dfrac{1}{4}x^2+4x-1$

(2) $y=5x^2-10x+9$

이차함수에서 x^2의 계수 a로 이차항과 일차항을 먼저 묶은 후, $y=($완전제곱식$)+($상수$)$ 꼴이 되도록 고친다.

2 개념 ⑩ 이차함수 $y=ax^2+bx+c$의 그래프

다음 중 이차함수 $y=-2x^2-12x-13$의 그래프에 대한 설명으로 옳지 <u>않은</u> 것은?

① 축의 방정식은 $x=-3$이다.

② 꼭짓점의 좌표는 $(-3, 5)$이다.

③ y축과의 교점의 좌표는 $(0, -13)$이다.

④ 제4사분면을 지나지 않는다.

⑤ x축과 두 점에서 만난다.

3 개념 ⑪ 이차함수 $y=ax^2+bx+c$의 그래프에서 a, b, c의 부호

이차함수 $y=ax^2+bx+c$의 그래프가 오른쪽 그림과 같을 때, 다음 중 옳지 <u>않은</u> 것은? (단, a, b, c는 상수)

① $c>0$ ② $ab<0$

③ $bc>0$ ④ $c-a<0$

⑤ $9a+3b+c>0$

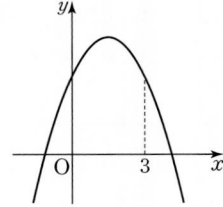

그래프의 모양, 축의 위치, y축과의 교점의 위치를 이용하여 a, b, c의 부호를 알아보고 x의 값이 3일 때의 y의 값의 부호를 살펴본다.

4 개념 ⑫ 이차함수의 식 구하기 (1)

오른쪽 그림과 같이 꼭짓점의 좌표가 $(-2, 3)$이고, 점 $(0, 2)$를 지나는 포물선을 그래프로 하는 이차함수의 식을 $y=ax^2+bx+c$ 꼴로 나타내시오. (단, a, b, c는 상수)

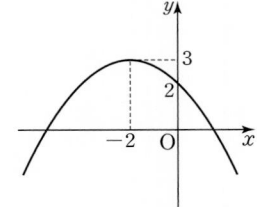

꼭짓점의 좌표가 (p, q)인 포물선을 그래프로 하는 이차함수의 식은 $y=a(x-p)^2+q$로 놓을 수 있다.

5 개념 ⑬ 이차함수의 식 구하기 (2)

세 점 $(-4, 0)$, $(1, 0)$, $(2, 6)$을 지나는 이차함수의 그래프가 점 $(-1, k)$를 지날 때, k의 값을 구하시오.

개념 ⑩ 이차함수 $y=ax^2+bx+c$의 그래프

6 다음 중 이차함수 $y=2x^2-8x+7$의 그래프로 알맞은 것은?

①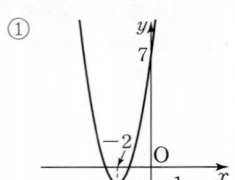
②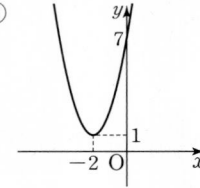
③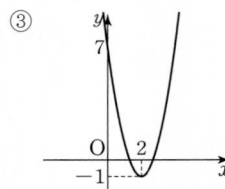
④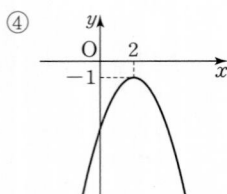
⑤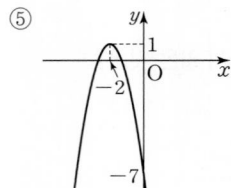

 7

개념 ⑪ 이차함수 $y=ax^2+bx+c$의 그래프에서 a, b, c의 부호

이차함수 $y=ax^2+bx+c$의 그래프가 오른쪽 그림과 같을 때, 다음
보기에서 옳은 것을 모두 고르시오. (단, a, b, c는 상수)

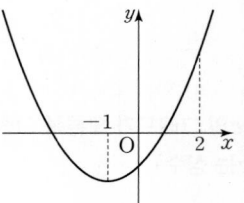

보기

ㄱ. $a>0$ ㄴ. $ab<0$
ㄷ. $bc>0$ ㄹ. $a-b+c<0$
ㅁ. $4a+2b+c>0$

개념 ⑫ 이차함수의 식 구하기 (1)

8 이차함수 $y=ax^2+bx+c$의 그래프가 직선 $x=-3$을 축으로 하고, 두 점 $(0, 4)$, $(3, 13)$을 지
난다. 이때 $a+b-c$의 값은? (단, a, b, c는 상수)

① -3 ② $-\dfrac{5}{3}$ ③ 1

④ $\dfrac{1}{3}$ ⑤ 2

● 이차함수의 그래프의 축의 방정식이 $x=p$이면 이차함수의 식을 $y=a(x-p)^2+q$로 놓을 수 있다.

개념 ⑬ 이차함수의 식 구하기 (2)

9 오른쪽 그림과 같은 그래프가 나타내는 이차함수의 식은?

① $y=-5x^2+6x+1$ ② $y=\dfrac{1}{5}x^2-x-1$

③ $y=5x^2-4x-5$ ④ $y=-\dfrac{1}{5}x^2-\dfrac{4}{5}x+1$

⑤ $y=-x^2+5x+1$

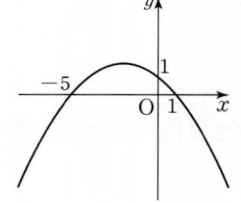

● 이차함수의 그래프가 x축과 두 점 $(\alpha, 0)$, $(\beta, 0)$에서 만나면 이차함수의 식을 $y=a(x-\alpha)(x-\beta)$로 놓을 수 있다.